根

以讀者爲其根本

莖

用生活來做支撐

葉

引發思考或功用

獲取效益或趣味

牽騎心牛

忘憂草ORANGE DAYLILY

牽騎心牛

作　　者：陳建宇
文字整理：吳舜雯
出 版 者：葉子出版股份有限公司
發 行 人：宋宏智
企劃主編：萬麗慧
行銷企劃：汪君瑜
文字編輯：張雅惠
內頁繪圖：Raywings
封面設計：高文麒
內頁設計：許瑞玲
印　　務：許鈞棋
專案行銷：吳明潤、張曜鐘、林欣穎、吳惠娟、葉書含
登 記 證：局版北市業字第677號
地　　址：台北市新生南路三段88號7樓之3
電　　話：（02）2366-0309　　傳真：（02）2366-0313
讀者服務信箱：service@ycrc.com.tw
網　　址：http://www.ycrc.com.tw
郵撥帳號：19735365　　戶名：葉忠賢
印　　刷：鼎易印刷事業事業股份有限公司
法律顧問：北辰著作權事務所
初版一刷：2004年 11 月　　新台幣：300元
I S B N：986-7609-41-7

國家圖書館出版品預行編目資料

牽騎心牛／陳建宇著. -- 初版. -- 臺北市：
葉子，2004〔民93〕
面：公分. --（忘憂草）
ISBN 986-7609-41-7（平裝？光碟片）

1.靈修

192.1　　93017970

總 經 銷：揚智文化事業股份有限公司
地　　址：台北市新生南路三段88號5樓之6
電　　話：（02）2366-0309
傳　　真：（02）2366-0310

今有智長繩，牢把短杖高提

—陳建宇—

一早，坐在離家不遠的Amana咖啡館，點一份餐，準備坐它一整日，捻斷數莖鬚來寫序。趕晚才過台北橋到承德學舍上課。

攤開這本尙待命名的書稿，中壢學舍「工作無懼，關係有愛」課程的實錄，由江城光、吳舜雯、詹元均、鄭輝煌、吳文傑、張正文等人，何其辛苦，從錄音帶裡一字一句整理出來，再由吳舜雯總其成定稿的。已不復記憶這是第幾次閱覽，心中的感動無以名狀，謝謝你們。字裡行間，看著自己臨場率性的演出，以及那一張張探詢的臉龐，這一路走來，頗有回首前塵之慨。

二○○二年八月起，我在陸續成立的五個人生禪學舍開講此一課程，一方面是有感於時事，亟思貢獻社會，一方面深知課程名之爲「工作無懼，關係有愛」，不如說是衆人心中的愛與恐懼，無一時不曾無之。雖然本書只是一年五十二週課程的七堂課，像一本未竟的心靈寫實小說，但也儘夠了，這樣一群人在改變中的身心靈成長故事，值得大家玩味。

摩托羅拉在大陸的教育訓練課程主管李奧．博克，曾在一次大型會議中提問：「在人類的演化過程裡，貿易機構到底扮演什麼樣的角色？特別是那些跨國企業。商業是否有潛力幫助人類整合個人、組織與社會每一層面的身心靈？」當時，沒有人提出答案，但這已吹響了企業與人邁向身心靈整合的號角，進而有助於人類意識演化的過程。

而這樣一本首先集結出版的書稿，正是我們以個人身分從事身心靈整合的故事。不僅有故事，也有方法、理論，以及實際操作的種種經驗。我們希望有效的增長個人的工作職能，通過各種侷限與挑戰，也希望由於我們的覺察與成長，能在關係裡活出愛，而不只是去索取和等待愛。

至於何謂身心靈整合？望文生義，說的是我人身體、心智、靈性是分裂的，互不相屬，其中最嚴重的是我們毫不遲疑地就接受我與非我的劃分。世上有國與國的戰爭，也有宗教與宗教的競爭，以及人與人之間的衝突，可見一斑。

對佛教來講，我是不存在的，只要「你」願意深入地認識自己，觀照自己，這是世上唯一的事實。如若不然，通過各種道次第的修行，也可見得我與非我的劃分根本子虛烏有。此時所謂的一體意識豁然明白，宛若天心而月圓，修無可修，稱之爲空，呼之爲心，皆無不可。國外舉揚的身心靈整合，從一般的運動、健身、諮商、佛洛依德以降的各派心理治療、東西方宗教神秘學所在多有，最終也無不匯歸於此。

《羅湖野錄》中，天寧則禪師調寄滿庭芳的牧牛詞唱道：

咄！這牛兒身強力健，幾人能解牽騎？
爲貪原上綠草嫩離離，只管尋芳逐翠？
奔馳後，不顧傾危，爭知道山遙水遠，回首到家遲。
牧童！今有智長繩，牢把短杖高提。
入泥入水終是不生疲，直待心調步穩，青松下，孤笛橫吹。

當歸去，人牛不見，正是月明時。

時至如今，兩岸依然紛擾，國內更有藍綠之分。我深深以爲，每個人在此時此地，應該做的是牧牛調心的工作。或許有人認爲遠水救不了近火，但歷史的經驗告訴我們，近火不就是那些近視、不思正本清源的人所放的野火嗎？那些個政治權位競逐者、社會議題運動者，做任何事情就是不從根、不從心救起，只是從外面切近地放一把野火，火上加火而已。

寫到這裡，我想，在兩岸競逐的權貴，不管得意失意的，大可給予人民休養生息了。既權且貴，當然會是人生最好的春藥，用來逃避死亡的春藥。但離離原上草，底下無不是權貴與平民百姓啊！

休去！休去！且不作爲，會是對兩岸國人最好的作爲。誰不祈願和平，誰不愛生惜命，將會是民族的罪人，世界的公敵。站在人類意識演化的過程，和平、一體原則才是主流，世界有愛才會有未來。

咄！這牛兒身強力健，幾人能解牽騎？爲貪原上綠草嫩離離，只管尋芳逐翠？說的正是這回事兒。

眞的！每個人在此時此地，應該做的是牧牛調心的事，否則一味滿足野心與快感的同時，哪裡知道再回頭已百年身了。對家國來講，正所謂奔馳後，不顧傾危。

以我所見，在途中，終能了悟山遙水遠，回首到家遲的，常是動輒得咎的凡夫俗子，爭不得一莖草或一片天的普羅大衆。可見老天是公平的。正如我十四年來，倡導人生禪途中所會遇的芸芸芸眾生一般。而我樂於爲他們分憂解勞，盡我所能指示一條道路，讓他們就路回家，倖免於心牛貪逐之頎危。

心牛貪逐的是那富貴的芳翠、權勢的山水，爭知道回首，到家遲。我把「家」解釋爲一體意識，世界有愛的未來。我想世上無人能盡享富貴的芳翠、權勢的山水，就算美國總統也不能，九五之尊也不免千夫所指。這是你我看見的，也都心知肚明。其實人生的意義，在於每一個人在其當下回到「家」，人人共同的一體意識，以此而世界有愛。想想，這豈不也是每個領導者的使命嗎？否則要那些富貴權勢幹嘛？用來逃避死亡嗎？

牧童！今有智長繩，牢把短杖高提。大眾啊！如今幸賴有智慧的長繩，麻煩你也把趕牛的短杖高提，如此牽騎，入泥入水，塵世打滾，終是不生疲勞！所謂的「工作無懼、關係有愛」就是在此時所產生的力用。因爲你有智慧長繩，趕牛的短杖，對人生的意義有正知正見，不再任牠向外貪逐奔馳。

牽騎心牛，**今有智長繩，牢把短杖高提，直待心調步穩，青松下，孤笛橫吹。**從「爲貪芳翠」到「孤笛橫吹」，人生境界立判高下，這才是一個人的完成，一個生命的完成，也應該是人世教育的目的。

直待心調步穩，這已是人心調了，牛步穩了，合一了；所以但見**青松下，牧童孤笛橫吹**了，長繩、短杖盡皆不用，也沒了。準此，誰眞有益於世道人心、社會群體？我看是有意認識自己的人，而非競逐權貴的人吧！

最後，**當歸去，人牛不見，正是月明時**，實遠踰於回首到家的安樂自在，更遠勝於爲貪芳翠的生死疲勞。自有人類宗教以來，我看只有佛陀的心、耶穌的神當得如此。

天心月圓，修無可修，稱之爲空，呼之爲心，皆無不可。

人牛不見，正是月明時。

一體意識，人類的家，從哪兒來的，當歸向哪兒去，如其所來，如其所去，過程只是映現而已，一體意識的映現，猶如明月當空。

簡單的說，愛是一切問題的答案。**咄！這牛兒身強力健，幾人能解牽騎？**說到底竟然是：你只能成爲愛，而不能成爲貪！

序成，本書命名爲：牽騎心牛——身心靈整合的智慧之旅。

又，中壢學舍已遷至桃園市大興西路一段一八八號十一樓，所以改名爲桃園學舍。另外，爲尊重當事人隱私，書中人名、身分背景亦略有更動，特此聲明。

二〇〇四年七月六日　寫於三重

目錄

《流動一點看人生，承擔得起惟有愛》有聲書

目錄

請參閱《牽騎心牛——身心靈整合的智慧之旅》40～55頁

製　　作：先驗文化事業股份有限公司
策　　劃：澤民
錄音、配音：阿義
音樂提供：康安莉
聲音演出（按出場序）：
前　　言：郭懷慈
主　　述：劉秀蘭
丘　　胥：澤民　飾
陳 老 師：陳宗岳　飾
R o s e：小筠　飾
春　　瑋：Chris　飾
坤　　浩：李景唐　飾
麻　　麻：孫瑞麟　飾
Y o y o：劉秀蘭　飾

認識自己，就從一句話開始

陳建宇講述／江城光整理／吳舜雯定稿

這個易碎的壺，你倒了又倒，
復又不斷注入新的生命。
這支小小的蘆笛，你帶著它翻山越嶺，
用它吹出了常新的曲調。
你無窮的賜予，全都注入了我那小小的手裡。
光陰荏苒，多少歲月過去了，
而你還在不停地傾注，
我也還有地方盛裝。

——泰戈爾《吉檀迦利》

用一句話表達自己

丘胥的家平時是小孩的樂園，今天晚上則塞滿了大人，原來丘胥聯絡了所有的朋友，邀請他們來上人生禪中壢學舍的第一堂課。

開始上課了，大家找到位置坐下。等我們都安靜下來，陳老師笑嘻嘻地說：「講了十幾年的課，今天算是很自在的一次，因爲看到有個小小孩盡興地玩耍，各位又這麼純樸。雖然到現在爲止，我還不知道要上什麼課好……啊！我倒有一個主意，大夥兒曾經也是小小孩，沒有權威、沒有社會的框框架架，跌倒了，哭一哭，站起來就不哭了。等到長大以後，跌倒了卻要無聲地哭泣好久，縱使不哭，也會把它壓到潛意識深處。所以我想請各位先用一句話來表達自己活到目前爲止，對自己的評價和感受是什麼？」

於是陳老師先示範：「我叫陳建宇。我覺得我的心像個小孩子那樣天眞無邪、不受傷害和自由，有時候你們可以在我的眼睛裡看到天堂。」

春肆大叫：「哇！老師你這樣算作弊！」

陳老師笑著說：「歡迎妳也來作弊呀！試著感受一下，用一句話來表達自己，同時藉這句話讓我們能夠接觸到你。不見得要介紹職業、頭銜或角色，因爲這些標籤無法讓我們認識和接觸到你。好，那麼我們要從右邊或左邊開始呢？」

現場的人你指我，我指你，沒有人想先發言。

「咦？有人指這邊，有人指那邊。原來大家都在逃避自己，眼睛都看著別人，不看自己。有沒有人願意先來，用一句話表達自己？」

現場仍然一片靜默，陳老師嘆了口氣：「可見你們都是大人，不是小孩。也許有人很想表現，卻不好意思，或者害怕，便希望別人先講。小小孩不會這樣玩吧？這一年的課程，我們若有幸相處，希望你們能夠恢復孩子的天眞無邪。這不代表你不會再受到傷害，而是希望你即使受了傷，還是進得了天堂。

從這一堂課開始，就讓我們對待自己像個小小孩，彷彿生平第一次看見自己。小小孩對不認識的人，除了陌生、尷尬的那幾分鐘以外，之後就可以玩在一起了。他與任何人的關係都是很當下，很活潑地流動著，對不對？這也是我們這一年的課程——『工作無懼、關係有愛』所要達到的目的。」

觀察每個片刻

中壢學舍，也是丘胥的家，白天是熱鬧的安親班教室，晚上則十分安靜。現在，當話聲停歇時，思緒也隨之停止，這時人我的分際彷彿不存在了。

陳老師看著怯於發言的我們：「這個空間很好，又明亮，講話的時候，聲音不會岔開來，即使不用麥克風也很清楚，外面車聲又少，這是在中壢學舍的好處。你們不必擔心小孩子吵，因爲我自己就和小孩子一樣，他不會是我的障礙。好啦！我已經用一句話表達過我自己了。你們哪邊先來？不要再玩大人的遊戲了。哪一個小小孩要跳出來說：『我先開始』？」

這次立刻有四個人舉手，一位皮膚黝黑的男人先開口：「我叫賴水成，住新竹。我從來沒有上過這種課程，雖然我們還不認識，但是一進來就覺得沒有壓力，很高興今天來參加。老師要我們用一句話來表達自己，我的感覺是存在本身就很圓滿了。我來到這邊，如實接受我所面臨的每一件事，不逃避，也不怎麼樣，只是去探索，用一顆純樸的心去觀察每個片刻。」

「據我所知，」陳老師望著這名男子，「水成很喜歡克里希那穆提的著作，他讀克氏的書，其實是想解決內心不平的問題。《全然的自由》讀完後，他打了三次電話給我，問我《智慧的覺醒》何時出版？各位知道有一部影片叫《綠色奇蹟》嗎？片中有個巨大的黑人，像耶穌一樣會行使治療的奇蹟，後來被誣陷，關在牢裡，床頭上擺的便是《智慧的覺醒》。

克氏對人類心靈的痛苦、世界眞正的和平有很大的幫助，在某方面來講，他也提出了究竟解決之道，我贊同他的思想與主張。國外已經有很多教育機構都採用克氏的書當教材，而克氏生前也成立學校，致力於從根救起的工作。我先後成立先驗出版社，發行克氏的部分著作，並運作人生禪學舍這個團體，是試圖讓東西文化的精髓融合，更進一步的，想開闢出身心靈整合的道路，走出現代人的生活修行之道。」

■ 不武裝的智慧

下一位發言的是厤厤：「我要學習像老師一樣。」

陳老師微笑：「像我那麼帥嗎？」

麻麻有點害羞地說：「帥倒是其次，主要是智慧。」全場哈哈大笑。

陳老師笑道：「你怎麼知道我有智慧？是看表象嗎？如果你是打算用智慧來武裝自己，那樣就沒有智慧了。看看達賴喇嘛在講經說法時，東抓抓西抓抓，有時還用手指挖鼻孔。他很自然、不掩飾，那不是裝出來的。我看得很震撼，他是那麼自然，在那麼多攝影機前面照挖不誤。有人問達賴喇嘛：『我在打坐時打瞌睡，該怎麼辦？』可愛的達賴喇嘛回答說：『那就先睡覺，起來後再打坐嘍！』他沒有說打坐很重要。達賴喇嘛的回答是那麼平實、坦誠，不曾標高自己的宗教。

所謂的智慧，就像水成講的，『無時不刻地接受當下的事實。』當下如果很悲傷，就不要逃避或對抗那個悲傷。在那個片刻接受它。悲傷來了，也會走，其中根本不曾有一絲的『我』可以去延續它。不管現在是快樂、喜悅、悲傷，或者憂鬱、憤怒，你都沒有追尋或逃避，只有接受。即使在臨終那一秒鐘，你很恐懼，不想死，也能接受當下的恐懼，那麼死亡就會很美，像一朵花在窗前墜落。

日本鈴木禪師，在他臨終時，說：『我不想死！』他的友人片桐禪師一聽，就向他磕起頭來。片桐禪師回去後，把這件事告訴他的學生，他原以爲鈴木死前的一句話，會是有關超越死亡的眞理，沒想到竟然是『我不想死！』我和片桐一樣，完全信服鈴木的修行。對這樣的一個生命，我沒有任何的懷疑。鈴木他很坦誠地告訴別人，他不想死，然而生而爲人，不可能不死，只是他毫不抵抗臨終時，不想死的那一念而已。我想這就是智慧吧！麻麻你想要的是這種對當下臣服的智慧嗎？或者你想要的是一種自我的武裝？如果是前者，不妨咀嚼一下『存在本身就很圓滿了』這一句話！

給各位的資料袋裡，有我的一張名片，上面或者有這一句話：『工作不是用來逃避人生，而

是臣服於人生。人最終的工作，是工作自己，臣服於死亡。』我剛剛講的鈴木大拙的故事，剛好可以用來詮釋這句話。另外一句則是：『唯一能讓你安心的是愛，那幾乎是眞理了。』這兩句話剛好是我們課程『工作無懼，關係有愛』的主題。前一句是對男性講的，後一句則是對女性朋友講的。當然最好的是男性朋友能夠放下面具，在工作裡面愛自己，把女性特質的一面表現出來，便不必那麼緊繃、武裝自己。同樣的，女性朋友也能夠在愛裡面工作自己，犯不著隱藏男性特質的一面，感性與理性兼具。如此一來，生命會不會比較完整、活潑呢？而名片的後面，是一首現代詩，叫做〈十隻鳥〉，隱含我對人生最根本的思考，或者說是禪修的心得，這一點以後有機會再談。希望有朝一日，各位都能夠像鳥一般飛在空中，自由自在。」

找尋真正的自己

一位斯文白淨的男孩開口講話：「我叫梁文章。是丘胥學長介紹我來的。如果要用一句話表達自己，我覺得自己是滿容易情緒化的人，情緒一來就把工作全部丟到一邊。希望藉由這樣的課程學習，可以改善我的問題。」

「你要聽我講眞話嗎？」陳老師問道。

梁文章點頭。

「好，無論在工作上有所障礙也好，在關係上缺憾也好，人是無法單從外面學習一些知識或技巧，便能克服這些困難的。可是這些困難怎麼辦呢？首先，要去觀察那些問題的起因，而不是急著去解決，情緒上來時，就把工作丟到一邊。你要尊重你的情緒和感覺，進而找到原因和癥結。這樣一來，也許你不必做什麼，那個問題的結構就會自動改變了。你不必要求自己更有能力、更武裝、更能解決問題，而是從裡面去認識你和那個問題的關係，看到問題的眞相，這才是確實解決之道。我們面對感情是這樣，面對工作也是這樣，其中的原理和態度都是相通的。」

然後是一位身材壯碩的大漢舉手發言：「我叫趙清寧，你們可以叫我伊正。曾經有人用我的姓名擬了幾句話，我覺得頗契合我的個性：『躁動不定非本性，一念偏差理不清，正反糾纏難安寧。』我是透過城光介紹而來。原本因爲工作的關係，可能沒空參加，到最後還是決定過來。如果要用一句話來表達自己，那麼我想找到眞正的自己，也希望工作和生活是可以結合的。」

陳老師笑著問：「你結婚了沒？」

「我今年未婚。」

「你認爲如何才能找到眞正的自己呢？」

伊正想了一下：「活得很自在吧！」

「活得很自在算是答遠了。重點是你現在如何找尋？在工作中或感情中找尋嗎？這不只是伊正的問題，也是每個人的問題，否則我們的人生會一直飄移不定。」陳老師轉過頭，尋找自己的茶杯。

用茶潤喉之後，老師接著說：「想要找到自己，首先要能夠專注地看著當下所發生的事情，包括內在的動心起念，以及外在發生的一切。比方說，現在有人在講話，你便專注地聆聽並看

著，同時注意到自己內在有種聲音出來，那即是我們的理解、我們的心智活動。你只須寧靜而專注地深入那個聲音，像這樣做下去，有一天你就有可能找到眞正的自己了。

當你沒有內外之分，置身在一切的活動當中，同時又深入自己內心的活動，既警覺又專注，你會發現當下是很吸引人的。能夠這樣，不但會找到自己，甚至還會找到眞正愛你的人，或者找到所謂的靈魂伴侶，都是有可能的。這就是禪修。不是只有打坐靜心才算修行，你可以隨時隨地都在禪修。如果你在生活中，具有這樣情感與思想合一的品質，當你專注地聆聽時，會是很優雅、很帥的，異性便很容易被你感動。因爲你說未婚，我才教你這個無上的口訣嘛！」

老師總有辦法在嚴肅和詼諧的兩極上擺盪，讓聽者的神經忽鬆忽緊，這會兒大家又被逗得笑開來，笑聲像種默契，拉近了彼此的距離。

男女大不同

一個臉上有著淡淡憂鬱的女孩說：「大家好，我的英文名字叫Feeling。最近有一本書，書名是《有一個女孩叫feeling》，我覺得自己的人生走到今天，可以用一句話來表達，就是『成也feeling，敗也feeling。』所以我這輩子，好像注定要和feeling做功課吧！」

陳老師表示，像Feeling這樣的表達，這樣的一句話，就讓我們可以接觸到她。

「這代表她很懂得自己，不過這是感性的自己。通常女性在這方面是很敏感、直接，很能感受自己的。男性則是傾向逃開自己的感覺，要求自己能夠處理事情、解決問題。男女是如此不同，兩者的思維和情感模式都不一樣，又要結合在一起，必然會有波折、衝突和落差，那就是婚姻嘛！現在大家願意認真地表達自己，那麼我們的課程已經在進行了。這樣像不像一場遊戲？可是又不是沒有深度，根本不需要故意把道理講得很深、很遠。希望大家在面對工作和感情時，都能有這個功力。相信我們所追求的智慧人生、圓滿人生都會沒問題了。」

簡單介紹自己之後，美麗的Rose說：「二、三年前，我就在桃廣認識陳老師了。我覺得自己看似堅強獨立，內心卻很脆弱。活到現在二十幾歲，只感到很累。今天的心情其實很差，只希望盡量不要影響身邊的人，希望自己的脆弱和情緒，不要帶給別人負擔。」

Rose臉上的神情不時變化，努力想使自己不要有多餘的情緒，反而透露更多內心的訊息。

陳老師正視著Rose：「妳要學著讓感覺、情緒流露出來，不要把它與知識、觀念糾纏在一起。妳的功課剛好和Feeling相反。大家想一想，有什麼事會讓女孩子心情很差呢？」

體型豐滿曼妙的春瑋，忽然有點氣餒地說：「瘦不下來。」全場再度爆笑。

Rose趕緊說明：「我想問的問題不只是男生或女生才有的，我指的是，任何一個人都可能在生活上遇到困難。這些困擾是來自各方面的，比如在工作、感情、家人互動上，而且我也擔心妹妹的健康……」

陳老師傾身向前：「看來妳的煩惱滿多。不過我們可以先來看看妳的感情面。我想問的是，當妳感到脆弱時，想不想去找一個人來負荷、支持？」

Rose愁眉不展地說：「我會希望有個人來分擔，可是這樣對那個人是不公平的。」

陳老師點著頭：「嗯，這是必然的，希望妳願意深入這個問題。重點是不要以自我中心來畫圓，急著向外去找到自己缺失的一角，否則妳所謂的對那個人不公平，便是說說而已。

首先，要在生活中找到願意傾聽妳的朋友，讓妳的感覺、情緒有所抒發，不會覺得自己活得很辛苦。不要想馬上找到一個支撐妳的人，而是去觀察自己在意伴侶的哪些特質、條件？是身高一八幾公分？是要很強壯？還是很斯文？或是外表不重要，重要的是要懂得妳？

從這些觀察中，妳會發現自己喜歡哪種類型，甚至可以預測未來互動的模式。這樣妳對人生將能見微知著，就像看到一片葉子掉下來，就知道秋天到了。這種警覺、這種覺察，可以幫助妳面對人世間所有的苦難。」

陳老師啜了一口茶，繼續說：「我們常說要找到另一半，可見每個人都自認是不完整的。現在又流行說要找到『Mr. Right』，這下又成了對錯的問題了。另一方面，我們的文化和體制並不教育我們成爲一個完整、獨立和自由的人，或許開個玩笑說，社會需要大量不完整、不獨立、不自由的人，然而每個人的生命原該是完整、獨立和解脫的。教育的本質，應該是容許每個人從身體、心智、靈性、兩性關係、工作、社會等等層面『認識自己』，讓人們能夠安身在這些脈絡中，成長得更完整、自由，知道自己的天職，這才是教育之道。如果我們也有這樣的認知，便只剩下一個問題，就是願不願意開始愛自己，開始教育自己？而不是等待奇蹟出現，逃避自己的生命和問題。」

親師座談會和相處的潤滑劑

在場看來最年長的一位男士舉起手說：「我叫溫柏安。我是屬於悶騷型的人，我來上這個課程，是希望能體會內心的世界。還有，我認爲人生最重要的是健康，希望我能多活幾年，家人的身體也健康，大家快樂地過日子。」

陳老師笑道：「啊，這是典型父親的心情。你當祖父了嗎？」

「還沒有。」

「我知道柏安是典型、顧家的中國男人。你們來參加這個課程，我希望帶給你們的，不只是身體健康，也希望你們的內心是健康快樂的。溫先生剛才發言的時候，先談到想體會內心世界，然後才講到希望身體健康，以他現在的年齡來看，是很不容易的。大部分這個年齡的人，已經走過大半的人生，可能對人生漸漸地麻木不仁了，更不要說還想探求內心的部分，單單這句話就夠了。」

輪到下一位時，一個中年男人害羞地笑了笑，猶豫了一會兒才開口：「我叫陳中慶，我不知道要講什麼？心理沒有準備，也不曉得怎樣溶入這個團體。」他很快把話講完。

「那麼告訴我們，你今天爲什麼坐在這裡？」陳老師問。

「丘胥老師在我孩子的家庭聯絡簿上面寫著：『今天晚上要到這裡來。』」經營安親班的丘胥，也給孩子準備了家長聯絡簿。

春瑋很好奇：「你以為今天是『親師座談會』嗎？」全場笑倒。

陳老師覺得中慶看起來不像沒有溶入。

「不管是尷尬、羞澀、不好意思，我們都接觸到你了，所以沒有溶不溶入這個問題。你不用準備就這麼尷尬、這麼羞澀、這麼茫然了，可見這是頭腦的假問題。真相不是這樣的，即使不表達也是一種表達，對不對？」

輪到春瑋，她與陳老師、丘胥等人早已認識，一點也不生分，她生動地描述自己的個性：「我是個會責怪別人『你怎麼可以騙我！』但私底下會說謊的人；我對別人情緒化感到頭痛，自己卻很情緒化；我會對弟弟說時間很寶貴，在假日卻躺在床上懶得動。我也喜歡擁有特權，喜歡被注意，但是當別人有特權而我沒有時，便會不高興。比方說，我剛才一進來，看見丘胥穿的這身衣服（紅衣藍褲，工作人員專屬的穿著）而我沒有，就很不悅，甚至會想著『丘胥你很踐哦！』我喜歡太極，太極有黑有白，雖然對太極不太懂，但是我覺得自己就像太極一樣，有白天，有黑夜；有積極，有消極；有樂觀，也有悲觀。」

從事過廣播工作的春瑋，流暢地一口氣說完之後，大家已經笑倒在地上，尤其是春瑋的好友丘胥笑得好大聲。

陳老師笑不可抑，指著春瑋的男友說：「坤浩，我不曉得你是怎麼和這種女人相處的，快說說你們的相處之道吧！」

被點名的男子慢條斯理地說：「大家好，我叫坤浩。若用一句話來形容自己，我覺得自己是

個心地善良，有責任感的人。其實，我不太喜歡在這樣的場合被貼上標籤、被稱作春瑋的男朋友。至於春瑋說她自己像太極，黑白分明，這點我不予置評，我只能說，太極是『圓的』」一語雙關，大家再度笑翻了。這對拍檔非常幽默，而且不忌諱嘲諷自己，取悅別人。

陳老師嘆道：「啊！大家看，他們之間的關係又幽默、又刺激，也就是說他們找到相處的潤滑劑了！」

這時春瑋再度演出爆笑劇，親暱地對身旁的人說：「伊正呀，你的電話號碼多少呀？快告訴

我！」

陳老師笑道：「很高興你們這麼敞開。好！以後不給坤浩貼上某人男友的標籤，你是Nothing！」

創造自己的遊戲規則

「年輕人，輪到你講話了。」陳老師注意到在場一個沉默的男孩。

「我叫林志誠，曾經是丘胥老師的學生，今天是帶我媽媽來的。如果要談我自己，我希望能在生活裡很清楚地認識自己。老實說，最近日子過得滿迷糊的，現在想過得清楚一點。」

「呀！你講這些話的心情，我感受到了。」看到這個男孩，陳老師想起過去。

「你知道嗎？我也曾經有過你這般的眼神，深邃而悲傷，不時閃躲著，看不清前面，也看不到自己。那是在我十八歲到廿五歲的時期，那段時間很痛苦，覺得社會很黑暗，理想與現實的落差好大，社會好大，世界好大，而我好小啊！好像隨時會被壓碎，對自己沒有信心。」

老師談到他只有高中肄業的學歷，所以不管是修行或認識自己，他靠的都是自修。

「包括進入社會，創造人生禪這樣的團體，凝聚這樣一群人，也是一點一滴、不按照世間的遊戲規則累積而來。本來以我的學歷，照我媽講的，在社會上只能當個黑手，不能坐辦公室。如果遵循社會軌道的話，這樣的學歷壓根兒沒用，個人的生命價值是被漠視的。然而這個現象，激發我去思考社會的遊戲規則又是誰創造的呢？爲什麼我要迷迷糊糊、毫無意識地去遵守呢？難道我不能創造自己的遊戲規則嗎？」

陳老師認爲如果我們能夠創造遊戲規則，便不必把自己硬塞進不合適的框框裡。所以當老師掌握到這個關鍵時，便不再恐懼，而是勇於投入未知，不再依賴體制、傳統或別人來告訴他該做什麼。

「因爲這樣，我反而走出一條路來。我的眼睛張開了，發現身邊有那麼多人、事、物値得學習，有那麼多的故事發生在每一個人身上，人與人之間隨時在互動、交會著，我不再認爲人生只是在自己的角落裡度過一生而已。比如今天在場有二十幾個人，我就去觀察、探索每個人不同之處，了解人們如何用一句話來表達自己，攝取二十幾個人生命的精華。」

陳老師不否認，對現今社會上的工作與關係是有些意見的：「對現代人來說，工作和關係經常帶來很多壓力和痛苦，但是又沒有勇氣去創造想要的情況。嚴格講起來，社會是由許多個人組成，離開了個人，社會並不存在。因爲中國傳統成王敗寇和科舉制度的影響，形成了一種均質化的社會，用競爭做爲分配資源的原則，在這種窄化的標準下，只有少數人會對自己的處境感到快樂滿足，大部分的人則因爲搆不著集體的價値標準，就直接否定了自己。

你們看，包括在感情上，我們也普遍存在以外貌、財力來做爲擇偶的考量，看不到對方的特質，只看到外在條件。我們就是如此教育下一代，渾然不覺這種社會文化本身是建基在恐懼和挫敗感之上。如此一來，當我們置身工作或關係裡，又怎麼可能無懼、有愛呢？如果我們都不愛自己，不尊重每個人都不一樣，還有可能在工作中完成自己，在關係中創造眞愛嗎？

如果我們能夠從小教育每個人認識自己，那麼來自社會的集體痛苦便能減到最低。當每個人都清楚他想做什麼，無論是成爲一名工人、司機、畫家、神父……，每個人都明白這是自己喜歡和選擇的，是自己願意用生命完成的道路。這樣的多元化社會，將不再只依賴競爭，讓人空虛到以爲囊括最多的權與錢，就是成功、安全；再也不會搞到那麼多人擠破頭地搶一碗飯、一張板凳；也不會讓外在均質化要求，把個人的差異性給泯滅掉了。」

然而，如何認識自己呢？陳老師說：「認識自己，需要透過進入我們生命中，與我們有接觸的人、事、物，或者說是經由認識人性，洞察我們與環境的關係來達成的。當我們了解以上的關係、模式時，也會了解到環境並不能控制我，別人並不能使我受傷，我們可以選擇更完整地活著，這時自然沒有恐懼，也能夠給出愛了。」

當死亡來臨

林志誠的母親坐在角落，有些侷促，她靦腆地說：「很怕我講的國語，大家聽不懂。」

「沒關係，妳可以講閩南語。」陳老師鼓勵她，「妳聽，我也是一口台灣國語呀！我們阿扁總統也是，這是現在流行的文化。」

「我叫陳桂英。我的身體不太好，我只希望自己這輩子能夠做事，一直做到死爲止。不只爲家人付出，如果退休後身體還好的話，我想出來當義工。」

「我了解。那麼今天課前安排的身體活動，妳還可以做嗎？」

「因爲我的膝蓋不好，有退化性關節炎，蹲下時會痛，所以不方便。」

陳老師轉向助理阿薰：「下次帶活動時要注意一下。」

「請問，妳幾歲了？」

「五十二。」

「那還很年輕啊！剛才妳在講話時，我看到妳眼中閃著淚光……」

桂英搖了搖頭，「我覺得身體一直不好，尤其膝蓋在蹲下、站起時很痛，甚至沒辦法蹲，我很擔心，心情也不好，講著講著眼淚就要掉下來了。」

「妳會把這種哀傷和恐懼告訴別人嗎？有人聆聽嗎？」

桂英點頭：「有。」

陳老師安慰桂英，如果有這種來自身體的恐懼，在這裡都可以講，這個團體會支持她。

「退化性關節炎還不可怕，眞正令我們害怕的是死亡。我們奮鬥了一輩子，結果發現什麼都帶不走時，那麼我們到底在忙什麼啊？我們自問對國家、對社會、對家庭都有貢獻，怎麼竟然到了要死的時候，才發現自己對這件大事一點了解的能力都沒有啊！原本這個問題，在我們活著時，不就可以看到眞相的嗎？

我要說的是，除非接受人會死亡的事實，否則貪生怕死的恐懼會一直尾隨我們。人生在走上高峰之前需要奮鬥，之後走下坡時，便要及時了解並接受死亡這件事。生與死才是生命的全部，而我們普遍的教育卻要把兩者分開，只要生，不要死。這樣的劃分，導致我們無視於擁有的一切都是變動不居的，包括這個生，也同樣不恆久。無論我們費多大的力氣去延續，人還是會病、會老、會死。正是這種想要延續的執著，帶給我們巨大的負擔和痛苦。

死亡其實是生命設計的一種體貼的安排。透過對死亡的接納與了解，我們將會對自己這一生有某種洞見，明白此生除了安住在當下，沒有別的去處。因爲這種洞見，也會讓我們看到活著是一種創造，而不是匱乏。如果會想要爲別人做到死，表面上雖然是爲了別人，事實上是在轉移注意力以避開當下的自己。死亡會揭穿這種假相和藉口，讓我們再度回歸生命本身，了解生命的本質是空，一切皆空，無法執取。如果我們在死亡來臨以前，就開始學習面對死亡的功課，那麼它將會幫助我們從已知中解脫。

所謂的疾病也是這樣，經由病痛的訊息，警醒我們認知當下的實相，並尋求恢復平衡的方式。如果能把死亡的風景、下山的風景看清楚，就像我們在年輕力壯時，也把上山的風景、生存之道弄清楚那樣，那麼死亡將指出我們的痛苦和快樂一樣，都是無法延續的。那時面對生存和迎接死亡，就不再是好惡，而是甜美的慶祝了，因爲死亡帶來了生命的圓成。

當人不覺察自己在做什麼時，頭腦所以爲的正確行動，就常是造成別人痛苦和自己壓力的原因。當我們遵循著傳統、社會教我們的，去追逐、競爭什麼時，往往弄得每個人壓力都很大。在我們的一生中，能夠很清醒地探索、認識自己，這種時間或機會並不多。如果各位能找到自己人生的意義，那麼活著的每一天，都將是一種喜悅、創造，而不是挫敗和壓力。爲什麼人會感到挫敗和壓力呢？因爲我們活著都在做別人或社會要我們做，卻不知道爲何要做的事情，可是又不能不做。找到眞正的自己，活著的每一天都會很幸福，你都在做自知自覺該做的事情，那就是天職、使命了，那時才眞的是『做到死爲止』！我常對學生講，我這輩子最大的幸福，就是到死前一秒鐘，都還能在講堂上講禪、講認識自己。」

春肆難以置信：「那老師你都沒有休息哦！」

「我的工作也算是一種休息。妳不覺得我像泰安休息站，各位倒像是高速公路上忙亂的車流嗎？」陳老師哈哈大笑。

「這種工作很有意義，能夠在課程中接觸到每個人，意識到每個問題的癥結點，進而發現每個人原來都是自由圓滿的。再者，以後我們的課程裡，會有阿薰、城光、丘胥這三位助教爲各位服務，這個班的學員平時如果有需要，可以和丘胥聯絡。對我或這個課程有任何問題，也請各位提出來。」

■ 暗藏玄機的「有教無類」

春肆提到剛才被溫先生誤以爲是老師，讓她覺得頭皮發麻，雞皮疙瘩幾乎掉了一地。

「在我的認知裡，老師好像是個全知全能、足以指導人家的人。那麼我想問陳老師，你當老師會不會很累呢？」

陳老師笑著說：「我想所謂的老師，應該不是指導人家，而是引導。」

春肆張大眼睛，「引導？那你要走在前面了？」

陳老師故作正經地說：「不一定。有時候我會繞到後面推妳一把。不過，基本上妳是不需要被推的，因爲就像剛才坤浩說過，妳是圓的。」

春肆的反應很敏捷，馬上接口：「要自己滾！」隨即又嬌嗔地指著我們：「噢——你們笑得好開心哦！我不理你們了！」

陳老師笑道：「雖然是玩笑，不過在幽默和自嘲裡，卻隱含著生命的動力。一個老師可能會去幽人一默，可能去踩人家的痛腳，反之學生對你亦然。再說爲什麼我當老師當得那麼愉快、沒有壓力？爲什麼我不會變成一個權威？那是因爲我允許自己不懂，我不要求自己全知全能。妳知道嗎？人完美是很恐怖的一件事，瑕疵多優美呀！我們要允許自己在工作和感情上有瑕疵。它就是出現了，你不接受，還譴責自己幹什麼呢？

像我右手邊這位古荔小姐，她永遠會提醒我，我只能引導她，無法教導她。她聽我的課聽了十二年，但是她不會按照我說的去做，她會依自己的感覺和困境去運作。其實不是她跟著我，而是我跟著她。十二年來，我們只探討一個問題，她耿耿於懷的是：女人鍾情一段情愛有什麼錯？一個女人期待被愛有什麼錯？爲什麼老叫我愛自己？要怎麼愛自己呢？人怎麼可能愛自己呢？這是什麼意思？好抽象啊！我努力講了十二年，舉了很多具體的例子，包括她情傷之路一而再的挫折，她都還聽不懂。那些痛苦的經驗並沒有教她如何愛自己。所以嚴格講起來，我是被她打倒的。若以拳擊來比喻，並不因為我是老師，我就能把她打倒。如果妳現在問我如何愛自己？因為她的茫然，因為她十二年來的不明白，我都會開始懷疑自己講的話了。所以我們能說老師可以教導什麼嗎？我就常常被擊倒啊！還有，你知道孔子為什麼講『有教無類』嗎？」

這時春瑋有些慎重地說：「因為他想賺錢。」

陳老師樂不可支，轉過頭來對大家說：「她的意思是孔子想賺束脩、賺豬肉乾。孔子說的有教無類，範圍是比較大的，不管什麼樣的人，他都接受，但這並不代表每一個弟子都能調教成材。像他自己不睡午覺，跑去罵宰予晝寢，可見孔子這個人有點緊張。後來發現，原來是宰予身體不好。所以孔子的『有教無類』，裡面是暗藏玄機的，代表他也有『有教無類』的挫敗感，失敗一個、兩個總是有的，因此當老師沒有妳想像的那麼可怕。另外還有一點，妳知道為什麼妳那麼

害怕被稱爲『老師』嗎？這是因爲妳知道自己有當老師的潛質，可是妳逃避了。以妳那麼敏捷的反應和思維，妳也比我『穩重』多了，而且萬一妳被擊倒還可以用『滾』的。」

因為未知，所以有無限可能

講到這裡，春琿突然想起一個故事：「一個惡霸地主向欠債的佃農催賬，由於地主想強佔佃農家裡一個如花似玉的女兒，明知佃農一定還不出錢來，便想了一個陰險的計謀。

地主威嚇佃農：『今天再不還錢，我就要把田地收回來，再也不租給你了！』

『不行……不行……我們全家都靠這塊田維生哪！』

『那麼，看在我與你認識多年的交情，再給你一次機會吧！』

『什麼機會呢？』

地主拿出一個袋子：『現在袋子裡面有兩顆石頭，一顆黑色，一顆白色，如果你拿到黑色的石頭，不是馬上還錢，便是把女兒嫁給我。若是拿到白色的石頭，不但錢不用還，也不必把女兒嫁給我，我們的債務一筆勾銷，讓你們一家人快快樂樂過日子。』

佃農的女兒十分聰明，馬上猜到袋子裡的石頭必定都是黑色的。若是接受地主的安排，便要嫁給他。如果拆穿地主的謊言，也會讓他惱羞成怒。換句話說，他們沒有選擇的餘地。怎麼辦呢？各位有什麼好辦法嗎？陳老師你先說。」

陳老師歪著腦袋想了一會兒，訕笑著：「哦……我……我不知道。」

坤浩興奮地搶答：「在手上塗滿白色的油漆！」

春肆不屑地說：「你以爲地主是瞎子嗎？人家佃農的女兒很機靈，拿著袋子故作慌張，摔了一跤，再羞澀地向地主宣稱，剛才一摔，便把選中的那顆石頭弄丟了，現在只好看袋子裡的這顆石頭，才能知道剛才選中哪一顆。就這樣，鬧得地主搶了袋子，無趣地走了。」

春肆既陶醉又興奮：「原來我以爲這個故事可以叫做『因爲犯錯，所以成功。』來上這個課之後，我發現可以改成『因爲未知，所以有無限可能。』很棒！對不對？」

陳老師有點不好意思：「那是什麼意思呀？我聽不懂。」

春肆煞有介事地把這句話再唸了一遍，然後說：「嗯——想上我這個課的人，請先把學費繳過來。哈哈，開玩笑的！」

從恐懼中清醒過來

陳老師邀請中壢學舍的主人發言：「丘胥也講講話吧！」

「我要講話嗎？還是問問題？」

「都可以。」

丘胥談及這一陣子邀請大家來上課的一些情形：「我原本是開安親班的，在場的家長都知道，我是極度不商業化的，所以這次邀請家長來上課時，變成給自己一個很大的關卡。這是我第一次邀請人家來參加課程，而這個課程是付費的，這竟然變成我的問題。剛開始我非常害怕、猶豫，我說不出口。以前我會講一些理論，講得很好聽，但是看不到眞正的情況。這一次我就不管三七二十一，打電話去通知大家來參加，不去管這些人當下的反應是什麼。其實說穿了，我把自己想像的問題當成眞實的狀況，比方說我把這樣的課程，只當成一個商業行爲，當我看穿這一點，就開始打電話了。沒想到打十通電話，就有八通答應過來，今晚他們都來了。我現在好像一下就講完了，其實是掙扎了好幾天的。」

陳老師問丘胥是用什麼方法跨過去的？

「用最笨的方法，」丘胥謙虛地說，「就是厚著臉皮，拿起電話就開始打，反正就是要找人來上課嘛！後來發現，事情並沒有那麼可怕，進一步再思索一下，便恍然大悟了。我把自己的恐懼投射成所有人的，在其中，我想去維護一個形象，也就是，我是很清新的，不搞商業活動的……」

春肆妙語接話：「沒有銅臭味的。」

「對呀！沒有銅臭味的。」

「是刷信用卡的。」

「唉！很久沒刷了。」

丘胥現在不覺得帶點商業氣息有什麼不好，「這是我現在想做、有意願去做的事情。我安親班的運作也逐漸走向結束，打算把重心轉移到人生禪中壢學舍。這是一個想要轉變的強烈意願，若是又卡在維護自己那種單純、沒有銅臭味的形象，不是功敗垂成嗎？」

草尖裡的宇宙

第二個讓丘胥跨出去的動力，是有一次帶小朋友到台北市立天文館，看到一部影片，叫做《微觀與宏觀的世界》。

「有一個鏡頭，」丘胥的眼裡閃著光采，「從平常的世界突然轟地一下，轉到路邊小草的細胞裡。嘩！原來一個細胞也是一個宇宙！接著鏡頭一拉，又回到現實的場景，再繼續拉到外太空，哇！整個宇宙好大好大！有那麼多的星系，那麼無限寬廣。那一刻，我好震撼！加上絕佳的聲光效果，帶給我的不只是生理上，還有心理上的震撼。我才知道，原來宇宙這麼大，這麼不可思議，這麼奧祕！比起來，我不知道自己算什麼呢？換句話說，它讓我體會到，我們常把一個小小的情緒或頭腦運作的東西，擴大到以為那是一個眞理，然後在裡面痛苦、掙扎？後來我喜歡跑到山上去看夜景，就是想把自己從現實裡抽離出來，清醒一下，離開平常盲目運作，卻自以為是事實的狀況。

我再舉一個例子，我們肉眼所能看到的光波，其實是有範圍限制的，在多長以上或以下的光線我們便看不到了，因此狗能夠看到的東西，人可能看不到，而且狗聽到的音頻也寬於我們。換句話說，我們與其他不同的生命，是用不同的頻率、不同的方式，在認知這個世界。在這個世界裡，有無限多不同的面向存在著，所以更印證我的一個想法，就是這個世界的眞相，絕對不是用我們平常單一的想法或狹窄的眼光，便能窺見全貌，一定還有很多有趣的未知和值得我們去探索的事情。

與陳老師在上課、接觸和交談的過程中，我每次都感受到探索的樂趣。有時候，他是很多變的，這也是為什麼我有動力鼓起勇氣去打電話，邀請大家來分享的原因。我想告訴大家，這個宇宙是很有趣，有很多面向的，而現在就有一個人可以帶領我們、引導我們。所以我就不管你們對這樣的行動是訝異、驚奇、贊成或反對，都沒關係，我發現一件很好玩的事情，希望你們也能夠來看看。」

永遠的未知，永恆的當下

聽了丘胥的一番話，陳老師很高興：「看來丘胥經歷了驚心動魄的突變，和以前完全不一樣了。以我對丘胥的了解，他從來沒有過這樣的舉動，這是第一次，這對他來講有很大的意義。從此對他來說，再沒有任何事是頭腦說不能去做，就不敢去做的；也不再以道德觀念、形象包裝，束縛住自己的潛能。用這樣的發現和行動，可以突破很多制約和恐懼。當我看到這種改變時，會覺得驚心動魄，就像丘胥所看到那個微觀與宏觀的宇宙一樣。

當我們用一個男人或女人的角色來看世界時，這裡面會有多大的侷限啊？我們常忘記自己是一個人、一個生命，而且生命本身是一個未知。我們來自未知，也走向未知。就像剛才春瑋講的『因爲未知，所以有無限可能』，同樣的也『因爲無限可能，所以未知。』生命到最後，它的答案永遠是未知。那個未知又是永恆的當下。也就是說，當下這一刻，便是整個宇宙，整個事實。它快到根本不是頭腦、經驗所能設想的。所以不用設想，不要困在頭腦的影像和恐懼裡。每個當下都是創造，都是改變，也都是未知。

如果可以攝取當下這個片刻，光是這個片刻就是無限的時間和空間，根本沒有一個鏡頭拉高拉下的過程，那時候你的自我還存在嗎？角色的框框還存在嗎？只有熱情、創造和自由在其中了。所以當你放掉那些自我的假設和認同時，你會發現生命眞的是無限的。當下是未知，是抽象，也是具體而微、直接的。

所以我們要用這一年的時間，消除各位眼中本不存在卻又具體的假相，回到生命本身。你可以生，可以死，你就是浩瀚，就是這個宇宙、當下的永恆。我不是在講一種美侖美奐的台詞哦，而是生命的事實。我們不要只認知鏡子裡穿西裝、打領帶的那個我，或脫了衣服在洗澡的那個才是我。身體不是我，頭腦不是我，雖然他們也都是我，象徵的我。我們的存在是無限的，形式可以替換，可以變化萬千，可是本質是不變的，所以無論是什麼形式，每個人都很優美。很高興丘胥有這樣的改變。我們期待下個禮拜見了，謝謝各位。」

流動一點看人生，承擔得起惟有愛！

陳建宇講述／吳舜雯整理、定稿

我們的存在像過眼的秋雲一樣短暫，
觀人之生死如同看舞蹈的動作一般；
人的一生就像劃過天際的一道閃電，
就像沿著懸崖絕壁飛瀉的一股山澗。
——喬達摩．佛陀

你們被直流電嚇呆了嗎？

時序已經步入冬季，北台灣卻只在入夜時有點涼意，住高雄的朋友說，在家裡仍要開冷氣驅暑。到了丘胥家，見他正端著一盒油雞飯津津有味地吃著，他現在懂得照顧自己了，不再以泡麵草草打發。

直到八點，學員才陸續到齊，助理小姐阿薰利用所剩不多的時間，引導大家分組做簡單的表層接觸。這是兩人一組的練習，一人坐著，另一人先藉由合掌收斂注意力，然後慢慢展開雙手，由對方頭頂上方緩緩降下，直到微微觸及身體表層時，再緩緩沿著身體周圍掃下，如此重複數次。

伊正今晚帶了一個打扮入時的女孩來，女孩對這種活動相當困惑，半途離開一次又再進來。

陳老師進來了，環視一遍在場的人，笑著問我們剛才做什麼活動？

阿薰把過程簡單地講了，丘胥則下結論：「這是直流電按摩！」

「然後呢？」陳老師問，「有發生什麼事嗎？有經驗到什麼嗎？」大家發出一串笑聲。

Rose說：「熱熱的，手到哪裡，好比說那是電吧，那種電就到哪裡。」

陳老師又問有沒有人完全沒感覺的？

「嗯，好像大家都有感覺，還有人感覺太強烈，跑了出去呢！」

這時一陣沉默，大家似乎沉浸在鬆弛的狀態裡。

「你們是被按摩呆了還是怎樣？被嚇呆了嗎？」

聽到老師這樣講，大家爆出一陣笑聲，互相注視著。的確，經過剛才的「電療」之後，我們都有點鬆軟、麻麻的，這時就像個布偶靠牆坐著。有人說：「太舒服了！」「現在很放鬆！」

老師問我們：「會不會害怕身體被接觸，或者害怕某種界限被靠近？如果不會的話，那代表你們還算一定程度的正常。活在這個社會，如果害怕別人靠近的話，那眞不曉得怎麼活下去了。」

陳老師看看大家依舊慵懶，便說：「好吧！你們很輕鬆，我就不打擾你們了，我們沉默吧！」

大家笑完後，老師就問上個禮拜參加了人生禪身心靈整合工作坊的人，回家後有沒有什麼不同的感覺？

■流動一點看人生

春瑋說到在工作坊這兩天，她印象最深的是家族星座的排列。

「我發現自己滿認同過去的成長過程，其實，在任何的關係中，並沒有誰是眞正的加害者或受害者，而是一種關係、位置或角色的對應。」

春瑋也憶起很久以前，有一次在復興鄉，人生禪的課堂上，老師比喻過每個人的角色就像身上穿的衣服：「上班時穿正式的套裝，下了班就換上寬鬆的家居服，不要以爲那個角色就是眞的、固定的，更不要以爲這個角色就是生命的全部。」

陳老師嘆道：「對呀！妳不講我都忘了。不過我記得那時候，他好像還沒有出現，還沒有闖入妳的生活中。」老師伸手指著春肆的男友，坤浩。

「那時候我們還不知道世界上有坤浩的存在，對不對？所以生命中有很多的變化，誰也不知道下一秒鐘會怎麼樣？哪個人會闖入妳的生命中？或我們在生活中，又會失去哪一個人？哪一段關係又會在哪一個時刻結束？

可是，這不代表悲慘、不安全，反而代表變化、驚奇，代表生命是自由的，一切都會變化。如果在這個變化裡面，我們是守舊的，固著在舊有的模式裡，那麼久而久之，人會開始覺得蒼老，甚至被擊倒。

如果順著那個變化，我們會覺得每天都是自由的，會有朝氣、有創造力，因爲我們是敞開的，知道沒有什麼東西可以累積、留存下來。因爲知道當中沒有一個不變化的，所以這些變化不代表不安全。所有的變化都是新的，充滿了創造力、活力、生命力，除了死去的人、死去的東西不變以外，還有什麼東西是不會變的嗎？」

陳老師開玩笑說：「死去的人也會變呀，二十年、三十年之後，連骨頭都腐蝕了。喔！現在人都嘛火化！所以，從這個角度看存在的現象就很神奇了。從無到有，從有化無，那我們到底從哪裡來？要去哪裡？沒有人知道。每一件事情都是這樣，萬事萬物，包括我們人和所有的現象都是這樣，所有發生過的事情也是這樣。

本來在復興鄉時，坤浩還沒有進入春肆的生命裡，怎麼這一瞬間，你們關係已經這麼好了，甚至還討論到未來要步入禮堂，搞不好通過你們，還會帶來一些小孩，那麼小孩在現在是不存在

的，在某個狀況裡面，這一切又都發生了。」

老師忽然轉向伊正和他身邊的女友如芸：「爲什麼講到這個的時候，你看了她一眼？你的意思是不是在問她說：『我們也可以一起創造這樣的發生嗎？』」

笑聲中，陳老師又轉頭看著大家：「那麼這時候，伊正就在創造某種影響、某種吸引。搞不好，就使如芸從沒感覺變成有感覺，從有感覺變成有歸宿，然後小孩子就生出來了！

你們看，這個創造是多麼神奇呀！現在我看著你，也許你沒什麼感覺，一旦我靠近你，在你身體外某種程度、稍微的接觸時，你卻覺得像被電到一樣，感覺到溫度、能量，覺得痲痲的，而且情緒上也起了一些變化。可是當這個接觸停下來，離開了，這一切也就消失。或者說當下就有很多事情在發生，也有很多事情在結束，對不對？所以我們可以流動一點來看事情。」

羔羊女強人

話鋒一轉，陳老師笑望滿臉青春的素貞：「妳爲什麼長這麼多青春痘？不去退火不行了，因爲荷爾蒙分泌都失調了。」

接下來的一番話，不只針對素貞，也是對現代女子的感情觀發言。

「不要被道德感、被內心的恐懼和怯懦壓著，妳的內心不也渴望愛情嗎？爲什麼要等待別人來追求？妳也可以去創造啊！現在是個女男平等的時代，有很多女孩子的工作能力和收入都比男人好。如果妳是個女強人，又遵守某種道德規範，認爲應該由男人來追求妳，那就玩完了，恐怕這輩子不會有人追。在工作上妳是主動出擊的女強人，在感情、關係上卻是被動、柔順的羔羊，必須等待別人來追求，這不是很奇怪嗎？爲什麼我們的表現會有這些不同？我們這個課程叫做『工作無懼，關係有愛』，就是探討爲什麼在這些層面上，我們的表現有所不同？」

陳老師進一步指出在場一些年輕女孩，在工作上很努力，感情上卻很被動，好似在等待什麼。

「也許妳是在等待一個白馬王子，像聖誕老公公一樣，有一天從家裡的煙囪下來，帶妳逃離那個怎麼也升不起火的壁爐，因爲家裡的門窗，搞不好都被封死了，王子只好由煙囪下來。然而，這個機率太小了，導致身體、心智、情感，生活各方面都無法著根、開花與結果。如果有這種現象，就不要再等待了。因爲在這個時代，不主動、不創造，就什麼都沒有，不要被什麼東西綁著，沒有什麼是正確、是好的或壞的，而是怎麼樣對妳的身心靈最和諧，可以讓妳過得愈來愈甜美、自由，才是對的。」

■避開生命的盤算

接著坤浩提到自己在工作上，需要與許多醫生接觸。在剛見面時，他通常會使用一些策略，來探測對方對自己的接受度。比如在交談時，很隨意地用手拍對方的肩臂，如果碰到女醫師，不方便做肢體接觸時，便先講個笑話來測試對方的反應，藉由這些互動的訊息來判斷客戶的心態，並得到需要的資源。

陳老師問坤浩：「你是什麼星座？」

「處女座。」

因爲陳老師也是處女座，在座知情的人不少，立刻揚起一片笑聲。

「那我們的運作方式眞的太不同了！」陳老師笑道，「你講出一個對我來說很新鮮的觀念，我從來沒有想過頭腦可以這樣運作，也就是說人把自己放在很多的盤算、計畫裡，好像腦中有許多電線吱吱喳喳地在交接那種感覺，對不對？」

坤浩：「沒錯、沒錯！」

「當然，你可以這樣經營和掌握人生，但是有另一種方式，並不需要經過那麼多繁雜的電流接觸、聚集，事情才會變成想要的狀況和效果；有一種方式，根本不需要這麼忙碌，不是用大腦來經營你的人生，那是一種直覺、信賴，是用一種信任存在的方式，來經營你的人生。

我知道坤浩一直用頭腦在經營人生，想用頭腦做好他的工作，可是有另一種方式是用心靈來經營的，那是一種信賴，一種直接的靠近，而不是間接的規劃。你可以不必過一種算計的人生，而是一種魅力的、享受的人生，那種享受並不是單指物質性的，而是一種敞開，當別人看到你很敞開時，他也無法防衛。你不再是盤算著要達到什麼或去拿到什麼，你是眞正在接觸一個人。所以一切的盤算就變成第二義的，它是自然發生的，不是避開生命，只去拿我想要的東西，不管我們把它稱爲工作或是計畫，那都很累人。我剛才幾乎要問你，你這樣會不會很累？」

「有一點。」坤浩說。

「如果你需要經過某些策略，比如拍肩膀或講個笑話，好取得對方的信賴，才能進一步談什麼案子；必須經過什麼過程、怎麼做，才能達到效果，這樣的方式太累了。」

坤浩說：「我所接觸的客戶中，有一部分是精神科的醫師，他們都對心理學有研究，所以也許當我講第一句話時，他們就已經猜到我第三句話要講什麼了。」

「這時候你怎麼辦？」陳老師問。

「所以我……」

不等坤浩說完，春瑋突然搶白：「就直接講出第四句話！」馬上引來一陣笑聲。

用「心」工作，仁者無敵

坤浩笑著說：「我會看對方的眼神，然後直接講。」

陳老師問坤浩：「你知道『仁者無敵』的意思嗎？仁者是指一個有人性、有智慧、愛心的人，是個用心在生活，不是用腦的人。仁者沒有敵對的一方，他不需要算計，不管遇到四十種、五十種人都一樣。不管讀心理學或什麼學，那都是一種算計、一種知識，這種人只相信經驗和手

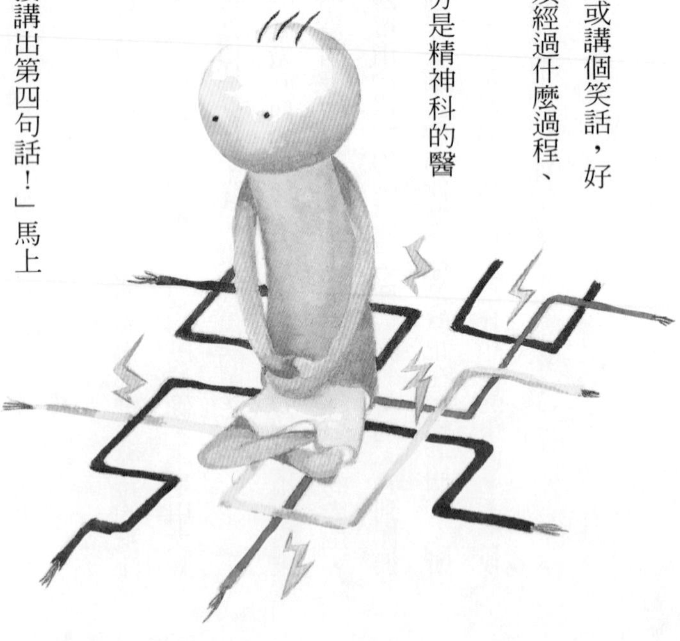

段，不相信心靈，不相信當下這一切是可以信賴的。

只要你是敞開的，既沒有算計，也沒有手段，當下所有的呈現便成爲一種資源，你可以藉由這些資源來呈現你本身。就因爲你能如此敞開，沒有算計和手段，所以你可以在關係中馬上照見對方，也接納對方，不管你是否被接受。也就是說，在無形中，你已直接進入對方的靈魂深處、情感深處了。你就在那裡了，所以他無法防衛你什麼，不管他用什麼姿態，都不可能把你擋在外面，也不管這次買賣有沒有做成，你就在他心裡了，就像你也看到他在你心裡一樣。

這不只是心理學上的知識。看過達賴喇嘛嗎？他就是仁者無敵。有一種人是屬於精神型、魅力型的人，這種人很有創造力，但本身又很開放，沒有防衛、不緊張，他不會只給你某種知識，而是要讓你知道存在是可以信賴的，根本不需要算計。」

話聲暫歇，老師飲下一杯茶，既而表示他現在講的這個層次，我們若聽懂了，他才好再講下去。

「想想，當你還年輕時，能夠記得住四十個人的不同品味和個性，還有他們各自獨特的思考邏輯，那麼那些醫生或精神科醫生怎麼辦呢？四百個人、四千個人要怎麼去運作？甚至當你年紀大了，五、六十歲時，你還能這樣運作嗎？這種算計其實是你和他們之間的距離，爲什麼要這麼辛苦過這一生呢？

也許有意無意中，你對自己的家人也是用這種算計的方式。比如強調彼此該負的責任和義務，那就是種算計。那是承擔不起才要這樣想，承擔得起便只知道有愛。對待親人，不會因爲你有用，我才疼你。這樣關係愈流動，人才能愈活愈年輕。

在這種狀況下，人可以安心做他自己，現有的一切都能得到接受和尊重，繼之而來的利益則是其次的事了。能夠做到這樣的話，很多話根本不用談，因爲你在無形中，已進入人們心靈深處，那麼你的工作內容就會是人們需要的產品，他們一定會來找你，因爲找別人的話，還得一個頭兩個大地算計一番，不忙啊？不累啊？

我也相信任何人都希望遇到一個能讓自己不須防衛、敞開的人，也不須費力去證明自己值得被尊敬，所以『仁者無敵』的意義在此，愛心無疆界。隨著我們年齡漸長，我們必須成長到這種成熟的階段，不然活得愈老會愈受苦、愈活不下去。

包括兩性關係也是一樣，你會擔心這個人的條件是否符合你的需要，但是有沒有想過，這種條件到底是你的，還是社會或父母的看法呢？萬一這個人的條件不符合，但你就是愛他怎麼辦呢？或是不符合你便覺得這種愛是不值得、沒有用的？好像要條件對了我們才敢愛，條件不對就不敢愛，我們到底是愛那些條件，還是愛那個人呢？什麼時候我們才能找到一個剛剛好的人呢？搞不好到頭來找不到一個可以嫁或娶的人，那不是很麻煩嗎？

難道愛一個人不能用心眼看嗎？難道不能一起攜手成長嗎？非要這個人能滿足自己的需求才行嗎？現在不管男人女人，只要對方家裡狀況很慘的，我們幾乎都不敢娶也不敢嫁，好像得看對方的狀況來判斷能不能愛。我們會埋怨這樣的社會，但是我們自己也在那樣做啊！這樣的人生、這樣的社會，我們會快樂嗎？當然不會。」

學習心法：「見」及履及

麻麻一直沒有講話，這時陳老師問他在工作或關係上，是否有感到困擾的事情？

麻麻轉動眼珠，思索著該如何表達，半晌過去了，才說：「我比較困擾的是我不喜歡算計，但是生活中周遭的人，都在算計來算計去……」

因爲麻麻停頓太久，春肆忍不住拍著地板：「喂，我們青春有限耶！」笑倒了一屋子人。

最後麻麻放棄了：「就這樣子！」

笑聲停歇，陳老師問大家：「你們有沒有觀察到麻麻有一個現象？」

「麻麻，你應該有意識到自己的侷限吧！你該跨出來。你內在的能量是很強的，我感覺你的內在很躍動，只是外在包著一層殼。你也是個很有感覺的人，但是講不出來，有很多感覺都沒有表達，累積在裡面，並且常常讓它就這樣算了。當內在感覺和外在表達存在著嚴重落差時，這對你的能量會是種侷限，對你的生命和關係也是。如果你能跨越，那麼你的內外會比較一致，也會活得比較快樂。

很幸運地，你是有能量的，而你也能意識問題。因爲當你進入實際的人生時，會有很多層面需要你去實踐和處理，所以應該學習爲你的內在能量找到表達的方式，才能應付人生中無論工作或關係上面臨的問題。只要你能跨出來，你的人生和命運保證會不一樣。」

「這需要時間。」麻麻說。

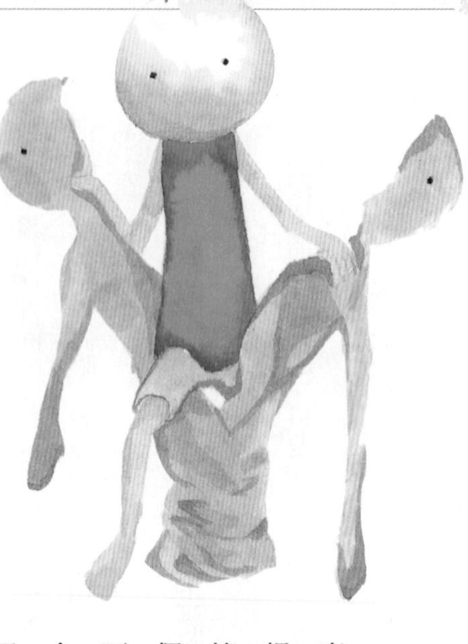

「不需要時間！」陳老師強調，「如果你現在願意就可以。比如我們看到這裡有人很會表達，而且表達得很細膩，或者表達很有強度、很快，那麼馬上就把它拷貝下來，爲我們所用；或者當我們看到別人的痛苦和侷限時，我們意識到也就馬上跨越過去了。所以來這邊不是只跟我一個人學，而是跟一群人學習。現在的社會，已經很難找到一個地方能像我們這裡，不必戴著面具做人，並且做這麼深入的接觸，這樣才能學到眞東西，所以不要辜負了這一年相處的時光。」

愛自己，和自己融合

輪到Rose，她分享參加上週工作坊的心情：「回家之後，我覺得好累好累，吃完飯倒頭就睡。後來妹妹回家，我和她分享了很多，包括了我和母親的關係。我發現自己以前只看問題的表面，這和去看問題的核心是不同的，這也是我從家族星座排列裡發現到的。就像那天排列珠玲的家族星座時，她原本以爲小女兒的問題比較大，結果排出來以後，才發現她和大女兒的糾結最深。從這裡再來看我和別人的關係時，我也發現自己常膠著在某一點上，但那往往只是表面，背後還有更深層的部分。

還有第二天，聽到去過澳洲的姜蘭講了一句令我印象深刻的話，就是在她的追尋中終於發現到，她所要做的是『和自己融合』。姜蘭經歷了許多的過程才體悟到這件事，我也希望自己能做到，只是我不可能像她一樣，花六十萬元去上那些課程，去體會這樣的道理。我不敢奢求自己達到和她一樣的境界，只希望在這一年的課程中，可以愈來愈能和自己相處。因爲除了自己，沒有人能陪我走一輩子，父母不能，未來的老公或子女也不能，我只能和自己共渡一生，所以怎麼樣能和自己好好相處，是我很想了解的課題。」

「妳覺得和自己相處有困難嗎？」陳老師問。

「其實我是個不懂得善待自己的人。」

「可是我看妳的衣服都穿得很好、很漂亮呀！妝也化得很好啊！」陳老師感到納悶，「妳看起來一切都恰如其分，怎麼妳說不會和自己相處，那是什麼意思？妳討厭自己嗎？」

Rose並不是討厭自己，而是她比較會和別人相處，卻沒辦法一個人獨處。

「比如在工作上，我可以做出明確的安排，然而當自己一個人時，重心卻不見了。我的重心好像都是和別人、和事情相處時才產生的。」

「也就是說當妳的注意力回到自己身上時，就不知道怎麼辦了，妳的注意力必須放在外面，不管那是工作或關係，對不對？這也許該怪上天，是老天爺害妳的，因爲美麗的女人通常都無法和自己相處。」陳老師說完，大家又笑了一陣。

老師接著談到，我們整個社會和教育，包括傳播媒體，還有現今娛樂業的蓬勃發展，都鼓勵我們把注意力放在外面，以刺激消費。

「現代的文明並不教我們如何獨處，所以當我們把注意力收回來時，即使只有一剎那，都會讓我們感到頓失重心，不知所措。這不只是妳的問題，也是我們每一個人的問題。

人類逃避自己，逃避自由，可是自然界有一個很好的設計，就是死亡。包括宗教，也是教人把注意力放在外面，而不是放在自己身上，所以我們仍然免不了向外追求，無法愛自己。然而愛自己一點都不困難，首先得不再把注意力放在外面，不再逃。比如我現在有這個時間，那麼我就什麼都不做，好好和那個空虛或者孤單，和那種獨處時會有的不舒適在一起。我不看電視，不打開冰箱吃東西，不去找人講話，也不拿本書來看，就在這半小時裡，感受這個無法和自己相處的經驗，既不逃，也不批判，不迴避那些想逃出去的衝動和孤單的情緒。

這時當然會有很多念頭紛飛，告訴你趕快去做些別的事情，但你就只是看著，就從這一點開始。漸漸地，你將體會到和自己融合是什麼意思。你可以把這個叫做練習，不過講練習聽起來好像它可以累積某種成果，但事實上並沒有什麼成果可以累積，它只是試著去做你從來沒有做過的事而已。這也是最省錢的方式，不需要花六十萬元或幾百個小時去上特別的課程。」

■ 檢視生活中的衝突

最後Yoyo談到自己苦於體型過胖，尤其在品嘗美食之後，強烈的自責亦隨之而來。

陳老師認眞地看著Yoyo：「我覺得這個問題是源於妳的能量過多，如果把能量用對地方，並不一定需要去控制什麼。聽起來妳的生活似乎除了工作之外，便沒有別的了，那麼只剩下吃會帶給妳快樂，現在卻控制自己不吃，這樣反而會造成能量更多的衝突。我的意思是，也許妳應該找到一個可以接受自己生命能量的方式，不管那是運動或什麼都好。因爲妳無法單純地藉著控制食慾來減肥，那是不可能的。

人的身心到達一定的成熟度之後，自然有他渴望完成的部分，妳的現況也許因爲條件不足、怯懦、自我否定或生活方式等等的影響，致使妳無法發展。所以妳必須去觀察在妳的生活中，還有什麼欲望沒有得到滿足？必須全盤去看，可能的話最好做點筆記，去檢視自己的生活內容。妳必須爲妳的能量找到抒發的管道，也就是說妳要多創造一些生活經驗，多創造一些工作之外的興趣，才有可能達到原先單純想要減肥的目的。」

夜深了，陳老師臉上閃著天眞的笑容，絲毫不見疲態。

「流動一點看人生吧！而人生，不管是工作或是關係，也只有愛才能讓我們在其中承擔得起。愛是對自己、對別人的一種寬恕和融合，而且是無條件的。當然，學習和觀察也是必要的。啊！都十點半了，今晚的課程該結束了，謝謝大家！」

從受了傷，到逆境的禮物

陳建宇講述／詹元均整理／吳舜雯定稿

我們必須閉上雙眼，
喚起全新的識見，
覺醒是每一個人與生俱來的權力，
然而只有少數人會使用。
——柏羅丁

即使受了傷，還是上得了天堂

十二月的冷氣團，可以感覺它的威力。灰色的天空飄下細雨，滋潤了盛開在稻田中的油菜花；鮮黃的花朵經雨水洗滌，更顯亮眼奪目。接收上天的禮物之後，它們也將獻出自己，滋育成熟飽滿的稻禾。

溫暖的電熱器旁，我們正在朗讀前次上課的實錄「認識自己，就從一句話開始」，夾著片段的笑聲、話語，共同譜成連續的樂曲。

唸完以後，春瑋率先發言：「不知怎麼回事？有句話給我很強烈的感覺，我有點想哭。」

此時，春瑋低著頭，雙眼含淚，令她興起感觸的是「希望你即使受了傷，還是上得了天堂。」這句話。

春瑋看著老師：「我不知爲何對這句話有感觸，我想知道原因。」

陳老師沒有回答，卻問坤浩：「你了解春瑋對那句話的感受嗎？」

坤浩思索了一下：「我覺得生命中有一切的可能，只要不把自己看得太渺小，也先不管天堂是一個什麼樣的地方，不論別人的看法如何，每個人都有存在的價值。像我的身體雖然有缺陷，或許我要比別人還更努力、更善良，或是更強，但是我也不能驕傲，因爲前方有更寬廣，而且是沒有石頭的路，等著我去走。春瑋有感觸的那句話裡有『受傷』的字眼，這讓我想到自己的手。只要我們的心是健全的，就難免會受傷，可是前方依然有很寬廣的路，等著我們去走。」

陳老師反問坤浩：「你確定春瑋的前方有一條寬廣、沒有石頭的路等她去走？你保證有哦？」

坤浩突然接到這一問，支支吾吾地說：「哎……她的課題必須由她自己完成。」

春瑋趕緊替坤浩解危：「他只要準備好交通工具，我們不必走路就行了。」眞是一對佳偶、賢伉儷！

得到喘息的機會後，坤浩接著說：「到目前爲止，我能做到的，就像清晨的清道夫幫我們清掃街道一樣，我也希望能爲春瑋做這樣的事。」

坤浩的眼神飄向春瑋，「唯一的問題是，不管什麼樣的車子，總是需要加油的。」激起一陣笑聲，眞佩服他們上課還可以談情說愛。

老師看著春瑋：「妳之所以對這句話特別有感覺，原因在於妳的心理狀態，其次是妳對未來、對於工作和關係的設想。每個人都希望上天堂，妳希望即使工作壓力或關係的傷害，使得妳不再純眞，妳也依然能進天堂。其實不管有沒有受傷，每個人都上得了天堂。因爲每個人都是從天堂下來的，落入凡間的天使。天使即使受傷了，終會找到回家的路。而且你們相信嗎？即使天使迷路下了地獄，終究會回家的。天堂終極而言，就是我們的心。妳不用擔心，現在的妳，和幾年前我認識的妳很不同了，妳更有能力走上寬廣的未來。」接著，老師語帶幽默地說：「妳現在可以『滾』得更好，以前就不一定滾得動，現在能滾三百六十度了。」

雖然老師用春肆曼妙的身材幽她一默，卻很明白地指出她現在的成長。

這時，老師若有所思地說：「大家都知道『如來』是佛陀十大德號之一，意思是如其所來，亦如其所去；更重要的，不是『所來如其所去——來去同一處』，而是『如其所——如其當下』也就是說，一個覺悟的人，他的德性是怎麼來就怎麼去，毫不抗拒自然的法則和事實的眞相。有生就有滅，不生則不滅。有這樣的德性——符應實相的智慧，浪裡來，火裡去，豈不都是身在天堂？人生禪重視、弘揚的，就是這種『如其所——如其當下』的精神。而覺者也是一個人類哦！其實人人皆如此，沒有不一樣的。」

老師昂首對春肆說：「與妳姊妹淘比，妳正常多了。」說完，眼睛瞧了瞧坐在春肆旁邊的Rose。

Rose冷不防挨了老師的一箭，趕緊轉移話題，指著春肆說：「我們才剛認識，老師應該是在講別人吧！」大夥兒聽了哈哈地笑。

愛會永恆，但是愛人會換手

笑聲方歇，陳老師的眼光投注在Yoyo身上，「妳肚子裡的小孩還好嗎？妳的小孩正在接受胎教，還這麼小，就聽到這些道理，而我們到了三、四十歲才聽到。對剛才唸的文章，妳有沒有什麼感觸呢？」

Yoyo說她和春肆一樣，對同一句話很有感觸，因為讓她想起妹妹。

「妹婿和妹妹認識七年，結婚四年，已經相處十一年了，居然在前幾天，被妹妹抓姦在床。這件事早有徵兆，之前妹婿就常抱怨我妹脾氣不好，藉一些理由想要離婚。那時我妹很驚訝，還希望改變自己以挽回這段關係。事實上，妹婿已和別的女人在一起，而且那女人還用金錢誘惑他，直到妹婿的同事告訴我妹，才揭發這件事。妹妹現在搬來和我住，有時會看見她難過地掉眼淚……她先生的背叛，真的讓她很受傷。所以我希望妹妹經歷這種傷痛，也能上得了天堂，並且創造更美好的人生。只是，畢竟他們相處十多年了，這種傷痛的心情，不是一朝一夕能夠改變的，我該怎麼做才能幫助妹妹呢？」

陳老師安慰Yoyo：「妳放心，一定會改變的。妳可以拿我們的隨堂實錄給她看，多少有些幫助，或許能安慰她。你們記得參加第一堂課的陳桂英吧？我們討論過，其實她害怕的不只是退化性關節炎，還有死亡的陰影，可是她不敢去正視死亡，才會想要做事做到死，這些話都是源於恐懼。當妳開始認識自己，妳也會對別人哪句話是害怕、受傷、壓抑、憤怒等等的投射有感覺，妳會清楚地看到這種心智的轉折，這樣妳就有能力幫助自己，也幫助別人了。不然妳看人生有什麼意義？以我來看，人生如果沒這些苦難，反倒沒意義了。人生的完美不是因爲沒有苦難，而是看人如何超越那個苦難。我們這一年課程所觸及的廣度及深度，和第一堂課所講的一樣，內容不脫離『工作無懼、關係有愛、生死一如』這些範圍，而且我會用一些方法來更接近你們，只要你們願意讓別人進入內心世界。我也會教你們一些自我療癒的方法。

妳可以告訴妹妹，感情也像季節一樣，有春、夏、秋、冬的變化。即使回春，也不是去年那個春天了。如果感情變了，就是變了，不用再去挽回，感情是不留人的。我贊同奧修講過的一句話：『愛會永恆，但是愛人會換手。』妳不會因爲和一個人分手，就不再愛了。妳還會繼續去愛，只是身旁的伴侶換人，事實就是如此。」

陳老師轉向正在思索的伊正：「你對哪一句話有感覺呢？說來聽聽。」

「我對『無時不刻地接受當下』這句話有感覺。」

「爲什麼呢？」

伊正的眼皮垂了下來，「我對文字這方面感到不行，快輪到我時就很緊張，怕唸不好，結果越緊張就越唸不好，也不知道自己在恐懼什麼？」

陳老師不勉強伊正：「下次還會叫你唸，可不要因爲這樣就逃課哦！無時不刻地接受當下的事實。」

看著直點頭的伊正，陳老師繼續說：「兩性關係也是這樣，無論我們受到什麼樣的傷害，都

不要逃避；也不管你修行多久，終究你會覺得最受用的還是這句話。不要覺得和如芸在一起才快樂，和我們在一起就不快樂哦！既然來了就要接受，好嗎？」

■愛自己有這麼困難嗎？不敢刺傷人的玫瑰

陳老師看著Rose，微笑道：「妳呢？」

Rose猶豫了一會兒，「其實從上課的第一天，聽春肆說到『因爲未知，所以有無限可能』的那一刻起，這句話就時常在我腦海中，有意無意地浮現。」

陳老師隨即調侃Rose：「這句話不是指男人吧！因爲只有男人，才會有意無意地出現在妳身旁。」大家聽了哈哈大笑。

Rose嬌嗔不已：「不是啦！我是指生命的變化。未來可能遭遇到的每一個情況，都有無限的可能。就像現在就無法確知明天的事；就像工作排好行程，也無法確定一定能按計畫來做。或許生命要這樣才有趣吧！從第一次上課到現在，差不多兩個月了，我的生活有滿多的變化，情緒也像老師說的，一年四季不斷在變。我比較認識自己的部分，是以前我都讓事件影響心情，現在則發現很多心情是自己想像出來的，而不是外在的任何事物在影響我。這可能是這段時間裡，一點小小的長進吧！」

陳老師點點頭，「嗯，是有點不一樣了。」

Rose覺得以前比較顧慮外在的影響，現在比較能內省影響情緒的癥結了。

陳老師問Rose：「在第三堂課裡，我們談過不要急著找另一半來依靠，那一段話妳聽得懂嗎？」

Rose有所了解地說：「我知道那是一種恐懼，我承認。所以才會想去找另一個依靠。」

陳老師又問：「妳覺得一個女人愛自己很困難嗎？」

Rose笑著說：「這個課題對我來說很困難。」

陳老師搖著頭，笑道：「妳就像我們的古荔，十二年來都覺得我教她要愛自己，是很奇怪的事。」

Rose翻眼往上看了一會兒，「嗯……我覺得要先愛自己，別人才會愛你；這句話表面上很容易懂，字面下的眞意……要去做到卻很難。」

陳老師轉向右邊的丘胥：「爲什麼？愛自己有那麼困難嗎？你有沒有這個問題呢？」

丘胥正襟危坐，開始問起Rose話來：「我問妳，妳知道『愛自己』字面下的意義是什麼嗎？」

聽到丘胥的質問，陳老師不以爲然：「所有的臭男人都會用分析的頭腦告訴女人什麼。坤浩也是這樣。」春肆開心地大笑。

丘胥急忙辯白：「如果Rose不太清楚字面下的意義，怎麼能這麼果決說很難做到呢？我不認爲很難做到啊！如果Rose確實知道的話。」

Rose有些困惑：「其實，我不確定自己知道該怎麼辦，因爲活在這個社會規則底下……」

丘胥打斷Rose的話：「或許妳的意思是，那件事對妳而言很模糊，也不了解怎麼做，所以覺得無助，是嗎？」

Rose只好舉例：「有時候我會勉強自己去做不喜歡的事。比如下班就想回去休息，可是同事請我幫忙，我可能就要撥三小時給他。那我到底要對自己好，還是對朋友盡義務呢？」

陳老師反問Rose：「那麼這時候，妳要不要愛自己呢？」

Rose無奈地說：「所以才說我不懂得愛自己，即使明明很累，我還是會選擇幫忙。」

陳老師轉問丘胥：「想不到愛自己還有這個問題？丘胥，你來回答。」

丘胥篤定地說：「如果我們能愛自己，一定也能愛別人；如果妳的朋友懂得愛自己，他一定會體諒妳。尤其在體力不濟的狀況下，更應該堅持妳的主張與需要，妳要有勇氣告訴對方妳需要休息，我相信這絕不會壞了你們的關係。妳的朋友如果不能接受妳的情況，關係破裂了，那就讓它斷吧！縱使暫時維持，將來也會爲其他事而斷裂的，不如現在就做了斷，無所謂！」

Rose有點緊張：「可是我會害怕斷耶！」

陳老師又開起玩笑：「Rose，妳快告訴丘胥：『我爲了要愛自己，所以請你來愛我！』」

接著老師又問大家：「可不可以爲了愛自己，所以要別人來愛我們呢？」

丘胥笑著說：「這叫霸王硬上弓。」

陳老師看了丘胥一眼，「如果對方是你的好朋友呢？」

丘胥這時得了便宜還賣乖，「我承認我還是有侷限的。嘻……」

流動的個人，捷運的社會

陳老師露出訝異的神情：「我沒想到愛自己是這麼抽象，我本以為這是很具體明白的事。」

老師問坤浩：「你會愛自己嗎？一個男人如何愛自己呢？」

坤浩不講自己，他談及Rose：「我覺得愛自己和幫朋友，沒有那麼大的關係。如果說幫朋友，你也可以enjoy在裡面，這就OK啦！這個時候你也是愛自己啊！」

Rose認為她舉的這個例子，不是如坤浩所說的那種情況：「當時我心裡是有抗拒的，我希望回家休息，但是不敢果斷地說不。」

原來Rose真正的問題是不敢拒絕別人。

陳老師問麻麻對此事的看法。

麻麻：「我認為愛自己就是沒有衝突。遇到類似的問題，可以直接對朋友講妳的情況，否則回到家，妳就會很後悔：『眞累，早知道就不要幫他，搞得自己這麼累！』心裡因而產生這麼多衝突，這就不是愛自己，就這麼簡單。」

陳老師問Rose：「為什麼麻麻可以那麼簡單，妳卻那麼困難呢？」

「我不擅於拒絕別人。」Rose說。

陳老師不解，「我一直沒有這種困擾，所以不知道愛自己還有這樣的問題……哎呀！我被考倒了。」

Rose皺著眉頭，「之所以說我不愛自己，是因爲我時常勉強自己呀！」

丘胥便說：「如果妳眞的會勉強自己，那就開始愛自己呀！不要每次都屈服在『就這樣子吧！』如果妳還能勉強自己的話，就勉強自己不要屈服於那個模式。」

陳老師對Rose說：「還有一點，我覺得妳的表現和妳的內心太不一樣了。搞不好妳是個自私、冷漠的人，只是裝得熱情、友善。請問妳的理想形象是什麼？妳要維護的形象是什麼呢？是熱心助人，就像妳的外貌一樣嗎？」

「我的外貌熱心助人？」Rose笑著說：「應該是我會想去維持一個看起來不錯的形象，所以常覺得很累。我只在密友面前掉眼淚，因爲不希望別人看到我的脆弱，我喜歡別人看待我是個堅強、獨立、樂觀的女孩！其實我很累的。」

陳老師笑道：「可見第一次見面時，我那句話講對了。要讓妳的情緒、感覺出來，不要把觀念和情緒攪和在一起。Rose，如果現在給妳三十秒，妳要怎麼讚美自己呢？」

Rose不經思索說出一大串讚美：「我會對著鏡子說：『Rose，妳眞漂亮，每天都這麼開心；不用化妝、保養，皮膚總可以那麼好；妳很受大家歡迎，所以有很多朋友……』」

陳老師接下Rose的話：「其實，每個人都有一句眞正想讚美自己的話，說不出來。人不管讚美或責備自己，都是透過他人的眼光來進行的，因而無法眞正的肯定或否定自己，因爲透過別人的眼光，將看不見當下的自己。社會是一群流動的個人所組成的，就像我們在捷運站所經歷的，你所接觸到的是一些集體的情緒與觀念，包括壓力和野心。所以我們無法由衷地肯定自己或如實地否定自己。」

低調的變色龍

陳老師指名另一個人發言：「換麻麻來講，給你三十秒讚美自己。」

一陣沉默，麻麻猶豫著要講什麼。

看麻麻說不出話來，老師就對大家說：「你們看，男人大都無法讚美自己，麻麻就是一個例子。」

麻麻趕緊解釋：「沒有，我還沒講完……我覺得自己都很不錯啊！我只是沒睡飽，精神不好，一時接不上話嘛！」

「講『都很不錯』太抽象了，具體一點。」陳老師催促著。

麻麻轉動眼珠，「嗯……我很容易調適自己，在不好的環境仍能過得更好。」

「這是你的伎倆！」陳老師認眞地看著麻麻。

「這個伎倆讓你很低調，無形中變成一隻低調的變色龍。你知道適應環境很重要，所以你選擇如此，很少發表意見、很少講話，這是你的優點，也是痛腳。這種伎倆幫助你活下去，但是背後也有你的恐懼和調適。」

「該死！原來這不算讚美，我眞該睡飽一點。」麻麻嘟嚷著。

「這個……有伎倆，當然就有恐懼了。」

陳老師正色道：「麻麻，你並不是這麼眞心地喜歡自己這個部分。只要它是個伎倆，只要有恐懼，那個讚美都不是發自眞心。不是即使別人說你不好，你也覺得自己很棒，這不是驕傲，也不是逃避，而是眞的覺得自己好。」

麻麻想了一下，改說：「有時候，我覺得自己滿幽默的。」

「那爲什麼在這裡沒有發揮出來呢？」

「幽默是有感覺的時候才會出來的。」麻麻面無表情地說。

「哎呀！」春瑋搶著說：「這是在怪我們哦，各位沒聽出來嗎？」

陳老師贊成：「對呀！因爲有人比你幽默，所以你就無法幽默嗎？」

春瑋斜眼瞄著老師：「不要把我當敵人好不好？」

「不會啦！」麻麻分辯：「有時候春瑋講的笑話，我都覺得滿冷的。」引來一陣爆笑，春瑋則瞪著麻麻。

陳老師笑道：「對！麻麻要像這樣，多表達，讓我們有機會接觸到你。你有很好的質地，不要只認定某個角色，對自己要有更大的版本，你的人生才會因此有所變化。不要只是爲了生存，人沒那麼卑微，要重視自己的潛質。在這裡你不用爲了生存調適自己，我們不會打壓你的。」

■ 眸子現在比以前亮，人生可以有更大的版本

陳老師轉向左邊的坤浩：「給你三十秒讚美自己，你是處女座的，應該很擅此道。」

坤浩想都不想：「我覺得自己是非常美、非常單純的人。」

陳老師湊趣說：「只是嘴巴比較壞。」

坤浩更正這個說法：「嘴巴比較喜歡開玩笑，有時會失去控制。」

陳老師利用這個機會說：「你們看，坤浩讚美自己一點都不困難，對不對？而且他講的都是眞的。痲痲，這個就是你要了解的。你所認知的自己，比實際的你低了一點，而坤浩是恰如其分。其實坤浩不管是讚美自己或罵自己，都有一定程度的觀察，所以讓他很自信、很主觀。」

這時，一位身穿黑色夾克、牛仔褲，充滿黑色氛圍，看起來很堅強的年輕女孩進來了。Yoyo引導她坐下，原來她就是Yoyo的妹妹。她安靜地看著Yoyo遞給她的實錄，不發一語。

陳老師轉向丘胥：「給你三十秒讚美自己。」

丘胥面帶微笑，雙手叉腰，坐直了身體：「我覺得自己愈來愈不錯了。」

陳老師馬上告訴大家：「可見他以前覺得自己不好，不滿意自己。」

丘胥點點頭：「對，因爲有個相對的比較。以前我的眼睛比較濁，現在比以前亮一些。甚至可以感受到一種無形的溝通……」

陳老師換了一個坐姿，好奇地看著丘胥。

「最近愈來愈明顯，當我看著一個人，可以不必講什麼話，對方也不必看著我，我就能多少感受到他的狀況。」

陳老師故作驚訝狀：「哇！丘胥有這樣的能力，很快就會找到愛人結婚了。因爲女人容易被

你了解，就接受了你。」

丘胥身體左右晃了一下，微笑道：「我覺得自己很不錯的一點就是，當我大膽做了一些事情以後，才發現這也不算什麼，是以前有太多假設性的恐懼。」

「如果你能讓Rose跑來對我哭訴，我才相信你眞的大膽。」課堂上又被老師激起好一片笑聲。

「我覺得我會越來越大膽，很多人到死都還膽小得要死。」丘胥一副自豪的樣子。

老師瞥了麻麻一眼，重複丘胥的話：「對啊！有些人到死，膽子都很小。」

麻麻不以爲意：「那無所謂。」

陳老師卻嚴厲地說：「那有所謂！人生不能只活在童話故事裡，一隻毛毛蟲的歷險記！」然後又語重心長地說：「麻麻，你眞的要給自己更大的版本。」

麻麻不解：「所謂的版本是什麼呢？」

「就是給自己更大的空間、更大的角色，在這宇宙當中，給自己一個更大的路子，更敢去設想未來，不要像毛毛蟲寸步寸進。」陳老師變得認眞起來。

「別把自己想得小小的，認爲自己只能幹什麼，認爲自己只是個生產線的人，只是個喜歡童話故事的人。有時候要給自己更大的雕塑，敢去想像自己要什麼，並且去爭取，我也是這樣教丘胥的。像坤浩，雖然有肢體上的缺陷，他敢比別人更好，他知道，他不會因爲少一隻手而低頭。所以坤浩給自己的版本，就比麻麻大一點。要具體的想像，然後去創造，當然也要懂得更多，不然你和女朋友結婚後，你這一生大概就定型了，生活只剩下一些名利食睡。人有更大的版本，對自己有更大的想像和期許，便會去想對社會有何貢獻，不會耽溺在名利上打轉，知道嗎？因爲你有更大的想像，你所看到的世界便不會是小小的。」

■ 伊正！伊正！人生伊正不正？

陳老師用一種看待女人的眼神，曖昧地看向城光：「給你三十秒讚美自己。」

城光也用溫柔的聲調回答：「偶（我）很滿意自己的身體，偶素（我是）一個大帥哥，偶很熱情，擅於幫助別人。」搶流行，台灣國語得厲害！

陳老師指著城光，肯定地說：「這是眞的，他很熱心。」

城光繼續說道：「我心地很柔軟，我的理想是創造一個人間天堂。」

陳老師點點頭說：「這版本夠大。」接著轉向伊正：「換你了，把握三十秒。」

伊正搔搔頭：「我覺得自己太貪心了！」

陳老師很驚訝：「太貪心！這是讚美自己嗎？什麼意思？」

伊正沒有多想，繼續說：「我以前在工作上，對金錢、事業非常有野心，所以只專注在這些事情上面，不會注意到其他的事情。」

陳老師笑道：「那你遇到我們不就玩完了？我們都是叫你去看很多不同的方向，講認識自己、探索人生的意義，你會被我們帶好，不是帶壞吧？」

伊正疑惑，「怎麼講好與壞呢？」

陳老師便說：「以前想賺很多錢，結果來到這邊，所學到的，都是你不曾想到或考慮到的事。」

「對啊！」伊正若有所悟地說，「以前賺那麼多錢，不知道做什麼用？」

陳老師打趣伊正可以多娶幾個老婆啊！伊正聽了，眼睛爲之一亮。

坤浩也加入老師的行列，給伊正建議：「多賺一些錢，貢獻給學舍創造新天堂啊！」

春瑋提醒大家：「喂，別嚇到Yoyo的妹妹！讓她以爲我們是奇怪的團體，還要人家捐錢。」

此話一出，引起一陣笑聲。

伊正想了一想，「我剛才好像不是讚美自己，講偏了，聽起來像在責備自己。以前很貪心，想賺很多錢，其實反而虧得更多。」

陳老師嚷著：「不要一叫你捐獻，你就趕快說虧了很多！」我們又大笑起來，眞是一波未平，一波又起。

「伊正也不太會讚美自己，很多男人眞的不會耶！」陳老師嘆道，「對男人來講，罵自己、指責自己還比較快，女人則很容易看到自己的好。女人比較知道自己需要什麼，也敢去要、敢去想。男人往往想努力去達到什麼，所以大多在批判自己，這樣才覺得自己像個男人。因此男人要讚美自己，基本上比女人還要困難。」

■慢慢的人生情調

陳老師對春瑋說：「妳應該可以讚美自己吧！」

春瑋點點頭，「首先，我覺得老師這一問『給你三十秒，讚美自己』是很有趣的方法。另外，我喜歡生命的狀態就是一種慢慢的調性，比方現在我很開放地聽著每個人的表達，不會急著去反應。」

陳老師看著春瑋：「這不容易，妳終於看到這一點。」

「我很喜歡這種狀態，」春瑋笑著說，「它偶爾發生，但是我希望能經常發生。當我在付出的時候是很開心的，即便是倒一杯水。然後，我必須向坤浩道歉，他常對我說：『妳就是一副瞧不起人的樣子。』可是我從來不覺得，總以爲他又在攻擊我。剛才在看實錄的文字時，我才發現自己的確用一個框架在看他，我看到的未必是眞正的他。當我慢下來時，我發現眞的可以看到多事情。」春肆的眼眶開始泛起淚光。

陳老師笑笑地說：「在課堂上也能談情，眞是個談情高手。坤浩，你幸福了！」

春肆：「剛才坤浩說，因爲他有缺陷，所以他希望自己更有能力，我當下就覺得，哇！這樣的一個人，很棒！可是以前我對這樣的積極卻視若未睹，只覺得他是個愛賺錢的男人，一天到晚計較業績多寡。不知道原來他背面的動力是這樣的，因而我要向他說抱歉，我覺得自己很傲慢。」

「啊！春肆很厲害，她知道用傲慢來表達她的謙虛。」

春肆不理會老師的嘲諷，繼續說：「我覺得我的傲慢和那句『即使受了傷，還是上得了天堂』有關。如果眞要讚美自己，我會說我是很容易給出愛的人，我有這樣的能力。坤浩說我很容易被新的事物吸引，像剛才Yoyo的妹妹一走進來，我就一直在注意她。」

這時春肆的聲音有點顫抖，她問Yoyo的妹妹：「我不知道妳叫什麼名字，但我可以感覺到，妳的心情就和妳的衣服一樣黑。妳一定有妳的故事，我不要求妳第一次來就要告訴我們，我想表達的是，請妳不要太難過。」說完眼眶又濕了。

陳老師嘆道：「春肆是可以當老師的。如果妳當老師，相信妳會得到大家的支持，也希望妳不要逃避這種潛質。」

人生的轉彎

Yoyo告訴大家，她的妹妹叫淑如。

陳老師對淑如說：「給妳三十秒讚美自己。」

淑如一時不知說什麼，於是陳老師說：「你們看，她讚美自己有困難喔！也許要她罵自己、譴責自己才比較擅長。」

過了一會兒，淑如說話了：「我覺得我的優點也是缺點，就是我很善良，常會被人利用。」

陳老師幽默地說：「那麼告訴我們如何利用妳的善良？」

春瑋仗義執言：「老師不要嚇淑如了，否則她會勸Yoyo不要參加這種怪怪的課程。」語畢，笑聲化解了一些不自在與尷尬。

「Yoyo，妳呢？」陳老師問。

Yoyo臉上掛著蒙娜麗莎般的微笑說：「我覺得我是浪漫的人，可是會不切實際、天馬行空，所以說缺點和優點一樣多。」

陳老師盯著Yoyo，「妳不覺得自己很棒嗎？知道嗎？從上次妳找我協談的時候，我就發覺妳很棒，很有智慧與勇氣。」

Yoyo有點害羞，也很高興，「現在我會去看一些書，也開始有一些讚美和認同自己的行動，

並且肯定自己會有美好的一天。」

這時大家紛紛讚美、鼓勵Yoyo，她則謙虛地說：「剛好我在這時候遇到一個人生的轉彎，自然而然地有這些轉變。」

陳老師笑著對Rose說：「妳得趕快去遇到一個轉彎。」又轉向大家說：「Yoyo決定將小孩生

下以後，整個人變得比較穩定、快樂。我當時以爲這個問題得協談好幾次，結果只協談一次就決定了，很了不起！」

春瑋這時吐槽說：「這可能是老師那次的表現太差了！」大家聽了笑得不亦樂乎。好在陳老師愛開玩笑，也允許被開玩笑，要是其他的老師，恐怕早就以不尊師重道爲名，將她逐出師門了。希望春瑋多多吐槽，呃，不對，應該說要向老師好好學習。

Rose：「我覺得Yoyo在和老師協談時，應該就清楚自己要的是什麼，所以做了這個決定之後，便勇敢地走下去。」

陳老師提醒Rose：「對，妳要馬上吸收這個特質。」

Rose把手一拍，大聲地說：「我知道，所以我說Yoyo很勇敢，我很佩服她，也希望能和她一樣。」

冷不防丘胥插進一句：「妳也要未婚懷孕哦！」

在大家的笑聲喧嘩中，Rose罵道：「你眞是邪惡耶！」

陳老師笑盈盈地：「丘胥終於也學會邪惡，以前他太善良了，都被人欺負。」

■逆境的禮物

這時陳老師問在場一位學員：「晶敏，妳到苗栗工作的情況如何呢？」

晶敏是陳老師的老學生，最近爲了工作搬到苗栗，偶爾會搭夜車北上，到中壢學舍來上課。

「有種原來的連結被切斷的感覺。」晶敏說。

「怎麼說？」

從事播音工作的晶敏，聲音沉穩悅耳，她談到苗栗對她是個完全陌生的地方，在那裡沒有任何資源，只是剛好有個工作機會，就過去了。面對第一次見面的人，又是賣藥電台……

「剛開始我有點排斥，經過兩三天後，我發現主持人與聽眾之間言語的挑逗，比如說『啊你這個老三八』（台語）之類的話，老人家聽了就很高興。他們的心靈很需要這樣的關注，這裡面其實有它的溫暖。我所說的被切斷的感覺，是指以前在台北延吉學舍，和整個團體是很連結的。當一個人在苗栗，尤其晚上很安靜時，便會發現所有的資源都消失了，包括情感、心靈的依靠，以前至少有同修可以聊聊，情緒有個出口，去到那裡完全沒有了。面對全然無法預期的環境，最後就想說好吧！看看自己的變化會怎樣？」

「那妳的行動是什麼？」陳老師神情嚴肅，「剛才那些只是妳對環境的感受、心境上的描述，重要的是，在這樣的環境和心境下，妳的行動是什麼呢？」

「有，我有看到這些。」

晶敏表示剛開始，她完全處在一種孤單寂寞裡。後來，反而激發她去重新看待生活。她覺得現在要做的，就是學會照顧自己的身體。

陳老師雙手一攤，「這個妳以前就會了。」

「沒有，以前是一種依賴。」晶敏強調。

老師伸手將額上的頭髮撥開，「我說快一點好了。妳發現那個環境、處境，能激發妳什麼樣的人格能力或創造力嗎？照顧身體之類妳本來就很擅長了，那是妳的一種慣性反應。成功不會是永遠的，永遠會有困難或失敗出現，但它們是要激發妳產生新的能力，不會只是來擊倒妳，讓妳失去所有。

在苗栗不能像在台北延吉學舍一樣，有個依靠，在那裡妳感到被切斷、孤單，這些變化帶給妳什麼影響呢？如果妳願意深入，至少不會再害怕孤單，因爲知道害怕沒有用，如此孤單將帶給妳更大的創造力。如果妳擁有很多，就不會想去創造，在資源豐富的環境裡可以選擇、過濾，妳反而可能是低能、疏離的，耽溺於自己的情緒。就像以前在延吉學舍，妳與每個人都有妳覺得適當的距離，有時候甚至還關起門來，一味地愛自己。在一無所有的環境裡，每一樣東西都得創造，妳就沒得選擇。那樣的環境，會讓妳的人格更積極、更能行動。

所以，任何環境絕不是爲了要打敗妳才出現的，怎麼可能？這樣而來的一種對照，妳才會發現環境要送給妳什麼禮物？就像坤浩少一隻手，他當下就要學會在這種情況裡改變，而不是什麼調適之類的想像。別人兩手開車，我就要學會一手開車，這才叫做『看到環境』。可是晶敏妳還陷在感覺裡面，在自說自話喔！這令人想起克里希那穆提說過的一句話：『在充滿毒蛇的房間裡，你怎麼可能不馬上行動？』」

陳老師的眼光移向淑如，「同樣的，一個女人如果只想依賴男人，當男人不要妳，妳就玩完啦！」

陳老師再度轉向晶敏：「拜託！男人是人，女人不是人嗎？人眞正的完整，並非一段兩性關係或工作成就所能帶來的。當妳還想依賴，代表妳是個瘸子啊？可事實不是啊！妳有手有腳，反應也不比別人慢，怎麼可能在自己情緒或匱乏裡，繞半天繞不出來呢？

其實，每個環境、每種命運，都有它的保障與機會，當你確實深入去觀察、去行動，你將會得到一份上天賜予的禮物。」

夜深了，陳老師恰巧狀似合掌，環視周遭，眼中閃過一絲奇異的光采：「究竟來說，每個人都在自己腳上！」

■ 後記：從有聲轉譯到無聲

在聽錄音帶整理文字的同時，彷彿又回到當時的課堂，聽到的不只是機器的轉動，也有來自內在的聲音，只是我們常會忽略或壓抑它。轉譯過程不免會有自己的想像與投射，也可能有些許的偏差，我已盡力接近當事人的情緒與言語，並用文字轉譯出來。亦請陳老師或舜雯做適當的修正、潤筆，使它能更臻完美。

在雨夜，我們潛入身體，浮出心象

陳建宇講述／吳舜雯整理、定稿

身體的每一分子，
內心的每一過程，
都是不斷變遷。
除了每個當下之外，
別無它物。
沒有可以執著的硬殼，
沒有什麼可以叫做「我」或「我所有的」。
所謂的「我」只是一個不斷變動過程的組合罷了。
——葛印卡《生活的藝術》

送我一朵玫瑰花

今晚Rose一進門便興高采烈描述出去玩，看到滿山遍野都是鮮花的情景。丘胥在一旁好奇地東問西問，Rose最後建議有興趣的人自己約朋友前往。

「妳的意思，」陳老師笑嘻嘻地說，「是要以集體行動邀請丘胥，和他約會嗎？」

丘胥抱怨著：「對嘛！連花都還沒送我！」

碰上陳老師和丘胥的聯合促狎，臉紅的Rose大聲嚷嚷：「不是啦！哎唷，老師你怎麼每次都……」

「不用送我一束，一朵就好了。」丘胥一付認真的樣子。

陳老師則對丘胥說：「她是去那裡幫你找花啦！」

Rose擺出投降的表情大叫：「我只是分享這趟去玩的心情啊！」

陳老師又問Rose和誰去玩？

「和一個朋友。」Rose看了丘胥一眼，又說：「不過那個人是女生。」

陳老師轉頭對丘胥說：「她在告訴你是女生啦！」

丘胥含笑地說：「哦——妳是要我放心嗎？」說完滿室再度洋溢著笑聲。

Yoyo今晚遲到了，等她一進門，春瑋便說：「老師要大家等妳十分鐘，超過的話，我們就要叫十盒達美樂批薩，算妳的！」

Yoyo大叫：「哇！那要胖死我了！」

眾人笑道：「啊呀！妳怕什麼，那批薩是請我們吃的！」

陳老師笑指著春瑋：「Yoyo胖死以前，她會先胖死！」

他是我們的孩子

我們上課時都是坐在蒲團上，Yoyo最近懷孕了，丘胥便關心地問Yoyo這樣坐得舒服嗎？「我可以準備一張椅子。」

「或者可以墊高一點。」坤浩說，大家跟著七嘴八舌給意見。

陳老師對Yoyo說：「這可是我們的孩子哦！妳不要欺負他，他有好幾個爸爸媽媽喲！」

課程正式開始，陳老師想知道大家最近的情況，請大家輪流發言。

首先是麻麻：「最近很少想事情，因爲每天要工作十二個小時。」

伊正的生活也有變化：「這陣子我爸媽搬遷，我一個人住四樓半的房子，覺得比較孤單。他們連菲傭也帶過去，我得自己洗衣服，有點辛苦。」

陳老師笑著說：「你父母在催你成親了，要你趕快把女朋友追到手，所以把房子空出來。」

老師的話題忽然又指向Rose：「妳得加緊來追我們丘胥，不然別人會捷足先登哦！練習一下追男孩子嘛！」

Rose嬌聲抗議：「我不知道怎麼追，你也沒教過我呀！」

「送花啊！」陳老師說，「一朵玫瑰花才二十塊。」

Rose卻引開話題，自顧自地說：「我家有十朵香水百合，好香哦！我放在房間，一上樓就聞到百合的香味，真是滿室生香。」

「哼！」丘胥佯裝不悅，「一朵花要了三個禮拜，太沒誠意了！」大家愣了一下，才哈哈大笑。

陳老師對丘胥說：「你快告訴Rose，再不行動，她會錯過。」

丘胥剛和女友分手，沒想到他不忌諱，認真地說：「對嘛，這是我的切身之痛！」又引來哄堂笑聲。

陳老師吊起書袋：「丘胥是能覺醒的人，他只允許自己摔倒一次，真可以媲美顏回的不遷怒、不貳過！」

■身體是生活的容器，人生的載具

陳老師答應過這一年的課程，除了釐清我們生命、工作和關係的問題，還會整理、設計出一些方法給大家練習。這次的方法叫做「人生禪觀注受覺療法」。「觀注」是指觀察和專注，「受覺」則是感受和感覺。

「廣義來說，當一個人念念分明活在當下，便無一不是覺受，也無一覺受不是念念分明。狹義地說，在西藏佛教的修行體系裡，如果遇到根本上師或透過某種觀想法門，而有相應的異常經

驗，那就叫做「覺受」。當然，你們並不是每天都在修行、從事心靈鍛鍊的人，所以我也不設定你們做完這些練習，會達到什麼樣的體會和境界，我們只談一般每日忙忙碌碌，對自己身體無意識的人會有的體內受覺。

以我爲例，我活到四十四歲，身體便承受了四十四年來的種種變化，就像一種交通工具、日常容器。我的身體不只是悲歡離合愛恨情仇，也是生老病死的載具、容器，承受生活裡的種種衝擊。當我們生氣時，那是什麼樣的感受呢？又是什麼在呈現憤怒呢？是身體嘛！對不對？還有疲累、亢奮的時候，不管滿足或者匱乏，也是身體在承受或呈現。不管指令或刺激來自何方，它一方面承受，一方面又得呈現，甚至有時得疏忽或壓抑它，爲了社會或傳統而作假嘛！有時我們把痛苦壓得很深，不去注意它，或者認爲衝突不好，硬把怒氣壓下，這樣的身體便比較緊張僵硬，眞成了名符其實的『容器』和『載具』！不管是否有意識，沒有人知道我們的身體承載了多少東西、多少受覺？

按照進化論或文明

的進程來看，以後的人會像影視中的外星人一樣，因為過度依賴大腦，頭愈長愈大，身體愈變愈小。現代人相信頭腦，相信理性的分析，可是實踐這一切的是身體，承受的也是身體，然而它是最被忽視和遺忘的；最多是在西方醫療體系裡，被當做器官與零件。我們住在遠離泥土的高樓大廈裡，享受現代的科技生活，大自然的侵害和影響逐漸降低，其實現代人是活在第二自然，他所創造的城市文明裡。

無論是大自然裡深不可測的生死危機，或是第二自然的文明病、身心症，身體一律概括承受，它是『吾道一以貫之』哦！整個文明或人類社會，就是一個大頭腦，卻獨獨忘記是身體在承受、實踐這一切。身體在生死有無之間循環、示現，我們可以說身體就是不停變化的實相；當然身體也在生死有無之間被詮釋、被宰制為確有其物。所以認識自己的第一步，需要從觀注受覺，把注意力拉回身體開始。如此一來，我們才能『上窮碧落』——探形而上之道；『下黃泉』——窺知形而下之器。」

陳老師看了大夥兒一眼，「我想這一段前言，大家都能明白吧！」

■「體現心象」指令及其小語

陳老師啜了一口阿里山的珠露茶，開始解釋「觀注受覺療法」的內容。

「觀注受覺療法」一共有九個步驟，以英文字母A～H來標示，表示它不需要按照次序一步步操作，當運用得很熟悉時，就可以因人因事隨機跳躍，進行援助治療。

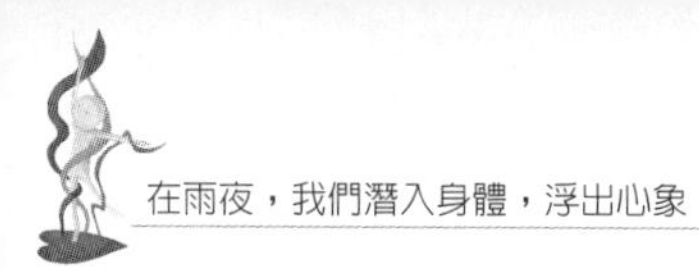

今天老師介紹的是A步驟，又叫「體現心象」。

「『體現心象』有八個指令或狀況，請你們拿到其中一種之後，加以吸收、了解，文字意象便成了你的『心之所象』或『心之所向』，即所謂『心象』；接著，請用身體把這個心象呈現或演化出來。」

陳老師談到，「體現心象」是倒果爲因、由外而內的做法，因爲現代人遺忘了身體，體內有太多的受覺——壓力、痛苦、創傷、陰影、恐懼……等等，可是人無法直接面對或「憶起」身體的種種，所以我們只好由外而內、倒果爲因地來進行「體現心象」。

「藉由這樣的設計，可以把注意力拉回身體，給身體一個揭露它自己的空間。雖然起點是我所提供八個意象，但是透過認知，將會變成你們內在的心象，並藉它來發現更多身心運作的實相。」

至於操作指令時，老師提醒我們，呈現的不一定馬上就是舞蹈。

「爲了體現你內在的心象，剛開始可能是各種動作的探索，慢慢地再演變成許多不同方式的表達，以至於成爲一種舞蹈。不過重點不是舞蹈，而是用身體呈現心象，並且一定是從動作開始。用身體呈現的意思是，不管那是默劇、行進、運動或舞蹈，一時的哀嚎、呻吟，或是片段的心靈獨白、扭曲的動作也好，允許它在未知中呈現自己的一切，好讓我們潛入身體的汪洋大海中，浮出心象來。」

陳老師拿出八張長條形的彩色西卡紙，分別印上八個不同的指令，背面則統一註上三個原則

——「體現心象小語」。

老師先說明指令背面的三條「體現心象小語」：

「第一條：『動作是表達心靈的力量，而這種力量遠遠超過人的頭腦。』

只要你的身體是朝著演化指令、心象而舞動，順著那個動作繼續動便是。或者你的制約很深，不熟悉身體的動作，沒關係，慢慢來，動一下，探索起來，再動一下……你將會發現動作眞的是表達心靈的力量。

第二條則是爲了對治現代人多用腦，少用身體的習慣：『任何人都必須先經驗動作的探索，才能將動作以不同的方式表達出來。』是呀，透過探索，最終身體與心靈才能有契合一致、互爲體用的表現。沒錯，Just do it!

第三條：『舞蹈的經驗是建立在宇宙基本的元素上。動作本身就是一種語言；動作是一個人對自己內在世界的回應；內在世界藉由做〈doing〉、演〈acting〉、舞〈dancing〉表達出來……每一個動作都有它的特質；而這些特質不但與人的個性、氣質相關，』所以每個人舞起來都不一樣，『也都離不開基本的元素：空間、時間、力量、流動、關係；元素貫穿在我們的生命之中，

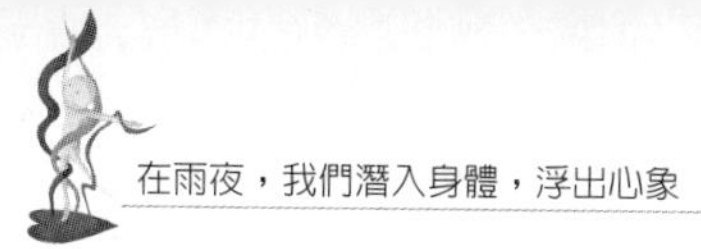

也和我們的心理狀態相呼應。』一個活潑的人，他的動作和舞蹈比較放得開；一個拘束的人，可能太相信制約，動作上也施展不開。

這三條『體現心象小語』的第一條，是現代舞名家鄧肯（Isadora Duncan，1878~1927）的信念，後兩條則是拉邦（Rudolf Laban，1879~1958）的引語。我們的重點，並不是要各位成爲舞蹈名家，而是做身心的探索，潛入身體，浮出心象，所以才把戲劇、舞蹈不分地稱之爲『體現心象』。

這八個指令有三種選擇的方式。我最早的設計是把指令擺出來，讓大家分別用右手（即理性、陽剛、能處理問題的左腦）和左手（感性、陰柔、能意識問題的右腦）去感知想先操作哪一個指令？通常左手和右手的選擇會不一樣。分別操作之後，加以記錄。如果長期操作體現心象，更要追蹤記錄。我相信其中別有洞天，值得探究到底。第三種是未知、隨機的安排，也是今天的方式，我們分到哪一個就做哪一個。」

陳老師把手上的卡片交給身旁的城光，「請把八個指令傳下去。坤浩，唸一下你拿到的指令是什麼？」

清點內心的庫藏

坤浩拿到『體現心象』的第一個指令：**「清點內心的庫藏，尤其是那些煩惱或困擾的堆積物，以便你有個自己的空間，可以放鬆地呼吸，自由地移動。」**

陳老師問我們聽得懂坤浩唸的嗎？

「我們的內心塞滿太多東西，以致於沒有自己的空間，想坐下來休息一下都不能夠。許多渴望或感受，完成或未完成的事，我們經歷這一切，卻沒來得及體會，就把它堆著，直到內在終於一點空間都沒有了。這時，可能別人無意間的一句話，就會讓我們生氣，因爲我們希望一切是有秩序、能安排的。**『清點內心的庫藏』**不要求你馬上把該丟的東西丟掉，至少把它清點一下，騰出一個地方，不然，你至少也得在胸前掛上『庫藏重地，小心火燭』或『易燃物，請遠離』的警語吧！哈哈哈……這樣做，可以讓你休息一下哦！伊正，你得到的指令是什麼呢？」

不要被煩惱或困擾淹沒了

伊正拿到的是第四個指令：「**不要被你的『煩惱或困擾』淹沒了，不要成爲衝突的一部分，退後幾步看它，找出你和它的適當『節奏或韻律』。**」

陳老師指出，我們都有這種狗咬尾巴團團轉的現象，「衝突一來，就陷在裡面，認爲這個困擾或煩惱就是我。這個指令要你退後幾步來看自己，然後找出你和它的適當節奏或韻律。就像我們和別人跳舞時，對方若前進一步，你便後退一步，自然地採取一種恰當的節奏和韻律。『體現心象』不規定該如何呼吸、動作或舞蹈，也不播放音樂，就讓你的身體盡量去呈現你收到的訊息，面對當下你的身體與心象之間的過程，看著身心之間的動力系統自然演化。好，Yoyo，告訴我妳拿到什麼？」

相信你的身體

Yoyo拿到第七個指令：「**相信你的身體，所有不好或不舒服的感受，都是它在調節、恢復和諧與自然狀態的一種舞蹈。**」

陳老師笑著說：「好奇怪哦！為什麼這次隨機取卡，每個人得到的指令都這麼恰如其分？未知的安排，交到Yoyo手上的指令竟然是『**相信你的身體**』。妳是個孕婦，不相信妳的身體也不行呀！是不是？『**所有不好或不舒服的感受，都是它在調節、恢復和諧與自然狀態的一種舞蹈。**』這正是神對一個母親所能給予的最好指令了！好玩地說，讓人不得不相信冥冥之中，好像有某種意志或意識存在，不是嗎？春瑋，妳呢？」

SPA在身、心、靈的世界裡

「第三個指令，」春瑋朗聲唸道：「**允許自己『徜徉』在身、心、靈的世界裡，SPA一下，不管別人的譴責，也沒有一己的罪惡感。**」

陳老師很興奮：「好神奇哦！這可不是我故意安排的。大家看，這個指令是不是很適合她？春瑋，人生的路走了這麼多年，這不是妳一直努力掙扎的嗎？包括妳的成長經驗，戶籍謄本上沒辦法登記的那一件事。妳真的需要『徜徉』在身、心、靈的世界裡，好好SPA一下，沒有罪惡感，也不管別人的譴責。相信妳的身體會有最好的呈現，這恰好是妳的心情。然後，剛和男朋友分手的Rose，妳拿到什麼指令？」

就當下的心象起舞

「我的是第八個：就當下你的心象起舞吧！穿透它！認識它！」Rose說。

看著面有難色的Rose，陳老師說：「『就當下你的心象起舞』會很困難嗎？其實很簡單，從當下去發現、感受，無論是關係或工作，任何呈現在妳身上的感覺，那都是心象。如果看到這個指令會覺得煩惱、不好操作，代表我們一直相信外面有答案存在。就像我以前提醒過妳，妳的注意力一直在外面，只有在與事情、與別人有關係的時候，妳才有感覺。注意力一轉向內心，便不知道怎麼辦了。妳可以從現在開始去感受心情，用身體去呈現，不管是站著、躺著、坐著都可以。」

Rose有點心虛，笑著說：「可是我找不到那個心象是什麼？」

「那個『找不到』、『不知道』就是妳當下的心象啊！」陳老師指引Rose：「那種不知道怎麼認識自己的茫然或無感，就是妳的心象啊！就算妳是愛怎麼動就怎麼玩，身體舞動時，心裡頭也就會有些情緒或影像了，隨順它就得了，沒有那麼困難。下一個，丘胥。」

卸下肩膀上的重擔

丘胥拿到第五個指令：「『卸下』你肩膀上的重擔，一件一件地把它卸下來，逐一檢視，擱到一旁去。」

老師這時一陣咳嗽，之後說：「我只知道丘胥是有名的龜毛，很相信自己的感覺和想法，也有很多自己的解釋；我可不知道上天要他卸下什麼重擔？然後，可愛的痲痲呢？」

用身體交待遠行前的牽掛

痲痲說他拿到第二個：「當你要到遠方旅行之前，對於一直牽掛卻無法處理的事情，請你用身體依次交待或加以順延，以便你能開始一趟平靜、解放的心靈之旅。」

陳老師笑著說：「痲痲才對我說最近好忙，想找個時間去旅行，現在就拿到這個指令。這不就是你的心象嗎？用你的身體或肢體語言，把它表達出來。城光，你拿到的指令是什麼？」

身體不是苦難或創傷的「貞節牌坊」

城光拿到第六個指令，他認眞而大聲地唸出聲：「身體不是你苦難或創傷的『貞節牌坊』⋯⋯」

大家一聽到「貞節牌坊」，都笑成一團，城光也被打斷了。

丘胥忍不住叫道：「哇！好準！」

陳老師請丘胥解釋，爲什麼說好準？

丘胥笑著說：「就我對城光的認識，他非常耽溺於身體上的感受，包括他對愛的匱乏，其實是生理大於心理上的。他就像被某種魔咒箍住，我想他的『貞節牌坊』可能由此而來。」

陳老師想起前天在台北延吉學舍，也做過「體現心象」的活動，當時城光躺在地板上，不停地扭曲身體，而且哀號。

老師請城光把剩下的指令唸完。

城光一字一字大聲唸道：「請你遠離它，再觀賞它，並遊歷它！」

陳老師點點頭：「對呀！這是不是很適合你？現在請大家把卡片傳回來。蒲團收起來，燈光可以調暗一些。沒有音樂，不管呼吸，不管那是重複的動作、默劇、獨白劇或一齣舞蹈，都可以。感受一下，問你的身體，我們即將開始操作了。好，開始！各位有半小時到四十分鐘來操作指令的訊息。我會在旁邊觀察，各位不必理會我。」

體現心象的兩種方式

體現心象的活動開始進行時，忽然風雨大作、雷電交馳，不過外在環境的變化，並沒有影響到我們。經歷了四十分鐘或爬或臥、或靜或動的活動之後，陳老師請我們坐過來，丘胥走去把燈光調亮。

坐定以後，陳老師問我們是如何嘗試體現心象呢？

「有沒有用身體去呈現指令，潛入身體，浮出心象？丘胥，你如何呈現第五個指令的心象呢？」

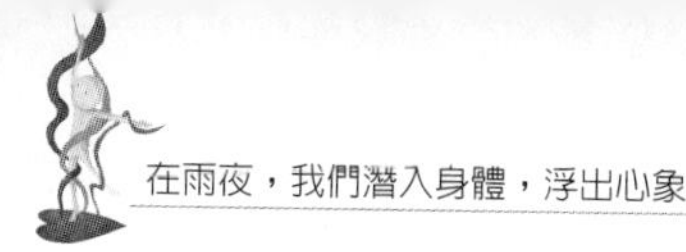

丘胥覺得受限於場地，有些動作無法發揮：「到後半段時，我很想跑來跑去或衝來衝去。我開始盡力伸展肌肉，後來則跪在地上，上半身往後仰躺。以前，我總是陷在一種情緒或想法裡面，恐懼或顧忌著什麼。追根究柢，我做很多事都是爲了獲得別人的認同、支持或讚美，好像這樣才活得有依據，或者得到存在的價值感，久而久之，就變成一種無形而沉重的擔子。我想把這個沉重的負擔放下，丟掉一些無意識的運作。」

負擔放下來以後，除了覺得輕鬆，丘胥的眼界也擴大了，開始有興趣去探索未知。

「所以到後半段，我很想亂跑，但是怕撞到人，就算了。在這個過程裡，我要表達的意象是一種比較輕鬆、愉悅的，不像以前扛著沉重的擔子，因此肩背也不再痠痛了。我剛才還想到，昨天抽完最後一包菸之後，我就沒再抽了。第一次體會到菸癮是可以隔離的。以前菸抽完了，會覺得有點焦躁不安，想著得快去買，好吸上一口；很想念一個人時，也非立刻聯絡上或見到對方不可。從昨天開始，我就發現原來這些情緒、慾望並不是我，而且可以把它放在一邊來觀察。我的指令應該也包含這個部分，慾望也算是一種重擔，不管那是菸癮、酒癮。原來這些都可以放下來，放在一邊去檢視它。」

剛才我們在操作『體現心象』時，忽然雷雨大作，雨一度下得很大，陳老師說：「我心想，這會不會是天空在『體現心象』呢？即使是，別忘了，天空依然是天空！指令的字面上有意象、概念，也有動作，通過我們的認知和決定，內化於心，便是心象。從丘胥講的這一段話，可以發現他對這個指令做了一種深度的理解，演化成特屬於他的個人活動，而不只是照著字面上的指示，來呈現『卸下肩膀上的重擔』或『一件一件卸下來』的動作。

如果單從字面上去分析指令的動作和意象，再去呈現，動作持續做到後來自然會變成舞蹈，自然會加入那些空間、時間、力量、流動和關係的因素。因爲這些因素本來就貫串在我們的生命中。我們身體的肌肉有它的位移慣性，探索到後來，便會有一種舞蹈的形式出現，不過，就如『心象小語』所提示的，一開始『**必須先經驗動作的探索**』。你們要先做一種深度理解，再隨順自我的覺察來呈現，或是直接照指令上的動作和意象來運作，我都沒有意見，主要是看你們選擇如何呈現自己。」

我敢秀我的手了，雖然它和別人不一樣

陳老師接下來問拿到第一個指令的坤浩：「你是如何呈現呢？」

「我的解讀是，我在身體上是個不協調、不平衡的人。」坤浩說。

「不協調、不平衡是什麼意思？」

「缺陷嘛！」坤浩小時候因爲意外受傷，右手肘以下被截斷。

「對這件事我沒有能力更改，我的身體卻一直希望它是左右平衡的，所以每當有些事做不到時，我會把這隻手當做藉口。在做體現心象時，只要我希望身體平衡，右腳就會伸出來，我想，這是一個設法平衡的動作。最後，我終於可以做到平衡了，儘管我還是會有自卑的情結。」

陳老師鼓勵坤浩：「可是別忘了，勇敢就是你的另一隻手喔！」

坤浩繼而說：「在做平衡的動作時，我一察覺到心裡的自卑，左腳就會伸出來，這時我就無法平衡。我更發現，其實有些事做不到，並不是手的關係，它不是錯誤、不是罪。這是我內心的庫藏。包括在感情上，我都希望另一半不在意我的手，即使在衆人面前，她也不會在意別人看我的眼光。我認爲這種女人最美，也是我最想要的伴侶。或許就像老師講的勇敢吧！我現在已經敢秀我的手，雖然它和別人不一樣。指令裡提到『**放鬆地呼吸，自由地移動**』，我在操作時，感覺到我喜歡自己的身體，也希望我的另一半喜歡它。我在這裡一直提到平衡，表示我在關係或工作中，常覺得委屈，這會使我在不快樂時，困在那裡。」

陳老師說：「坤浩的誠實，就是我所謂的勇敢。他確實貫穿了這個指令，清點內心的庫藏，也發現了能夠讓自己放鬆呼吸的空間。他一樣沒有照字面的意義去操作，而是經由面對右手殘缺的委屈，努力尋求平衡，誠實地接受自己、喜歡自己，慢慢地找到屬於自己的空間，藉由這樣的理解所產生的心象，用身體去呈現。城光，你又是如何完成指令的呢？」

不誠實才是罪惡

城光表示他是先讓身體動，然後開始去觸摸它。

「告訴我們，你爲什麼這麼做？」陳老師問。

「我是照字面上的意思去做，身體不是你苦難或創傷的『貞節牌坊』……」

「那麼根據字義，你做了什麼動作？有什麼意象呢？」

「我從身體的各個角度去摸索受到哪些限制。包括趴下來、滾動，用手、腳向每個方向探索。我想了解身體的貞節牌坊是如何造成限制，所以我順著身體，盡量去嘗試以前沒做過的動作。」

聽完城光的描述，陳老師即指出，人由於某些經驗的創傷，讓身體有了某種印記，以致動彈不得，甚至害怕被觸摸，身心便一直處在僵硬的狀態下。這樣的探索，就不只是字面的了解，而是直接探觸苦難和傷害了。當我們這樣做時，身體其實已經和那個創傷有段距離了，這時便可以試著遠離它，並觀賞它、遊歷它。

「如果你是照字面的意思來做，爲什麼不是先觀想一座貞節牌坊呢？然後再遠離它，觀賞它，再遊歷它呢？而你的描述卻是探索身體各種角度的侷限。你知道嗎？你的描述和認知有落差。」

「哦，那我是照我的理解做的。」城光說。

「你的理解是什麼？」

「我把貞節牌坊理解成侷限性。」

陳老師又問城光的動作裡，有沒有包含遠離、觀賞、遊歷這幾個意象呢？

「我後來才有做，後來有幾個動作是把它跳開來的。」

「你是因爲不知道什麼是貞節牌坊，所以把它想像成侷限性，對不對？」

陳老師的語氣嚴厲起來：「你不知道，也不願意問，爲什麼？你自卑，所以逞強嗎？不懂並不可恥，以後不懂一定要問！人最大的問題是不懂裝懂，這樣遲早會穿梆的。這個指令是我寫的，有我自己的理解，你不懂並不一定是你的問題，有可能我的理解是錯的呀！你了解嗎？如果你一輩子不懂也不問，還要裝懂，硬ㄍㄧㄥ，這對你的身體，是多大的委屈和打壓？我也講過，不需要全知全能才能當老師，人家又不是請你來當上帝。誠實就是一種最美麗的勇敢，是一種眞實的面對，如果你想認識自己的話，這是最基礎的。不誠實才是罪惡，不管多愚蠢，只要誠實都會很美，自有其純樸和莊嚴。知道嗎？人不要武裝。《不武裝的智慧》那一段你沒看懂嗎？不能接受當下的事實，這樣的自我，和智慧一點都無關哪！以後不懂一定要問，好嗎？」

「好！」城光點頭答應。

意識的目睹與貓的徜徉

陳老師點名下一位：「允許自己徜徉在身心靈世界的春瑋貓，告訴我們妳的體驗。」

「好準哦！」春瑋故作驚訝，「我就知道老師接下來要問我。」

「除非妳不存在，否則遲早要問到妳。」

春瑋認爲她的指令中，那句「**徜徉在身心靈的世界裡**」，幾乎是一個無限擴大的狀態，所以她很難具象地表達。

「我沒有一個具象的重擔可以卸下，也沒有一個具象的貞節牌坊可以遊歷。剛開始的時候，我的情緒還不能馬上切入，而是停留在把老師當做父親的狀態。」

陳老師打趣說：「妳把我當做坤浩多好？我不想當妳爸，想當妳的情人。」

春肆收斂平時愛開玩笑的個性，以一種平靜、謹慎的聲調，敘述剛才發生的事情：

「剛開始，我的情緒有點黑色的感覺，淡淡的，想躲在角落裡。後來我躺在那裡，看到大家站著，就覺得自己像個小孩，在角落看著大人跳舞。那時產生一個很大的變化，當我專心地看著別人時，會覺得很舒服。這不是因爲我把注意力放在別人身上，漠視自己的情緒，因而獲得一種紓解。其中有一個更高的層次是，當我很專心地看著別人時，在某個程度上，我的格局會更大，更逼近存在吧！我無法形容這樣的感覺。」

「我了解。」陳老師略點了點頭，「這不只是一個感覺，也是一個很棒的經驗，正是我所謂的靈修、禪修。如果妳能這樣覺照，這樣保持下去，這就會是目睹，就會在當下直接目睹，創見萬事萬物的本質。可是這並非抽離，並不是無意識於你自己的反應，反倒是任何反應裡面沒有一個『我』。『我』不存在，只是目睹——萬有一體——意識者即意識。」

春肆贊同：「對，就是裡面沒有一個我，就是那樣的感覺。我經常因爲『我』而不舒服，當我專注地看著每一個人時，卻覺得很自由。剛才大家都唸過自己的心象指令，我就去感覺每個人爲什麼那樣呈現他們的指令。我去感覺麻麻不是要去遠行嗎？爲什麼躺下來呢？也去感覺爲什麼城光一直打嗝？貞節牌坊令人作嘔嗎？突然之間，我覺得很開心，很乾淨、透明，像小孩子一

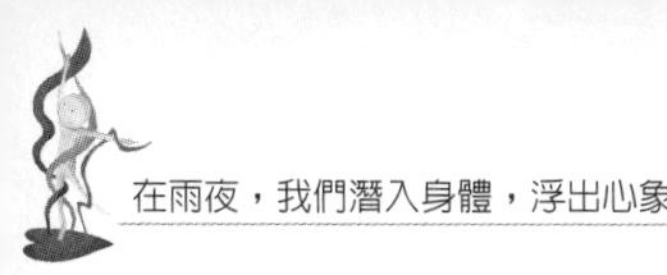

樣，接下來才會有像貓一樣的感覺出現。貓幾乎是一個潛意識的動作，這個貓的動作後來觸發了一些感覺，這也是一個未知的力量。我不知道爲什麼？也許因爲牠是很自由、獨立的動物吧！？」

陳老師說他要在這邊開個玩笑：「因爲妳想竊據某個女主人的位置。丘胥家裡現在的女主人是豹咪嘛！原來妳在渴望佔有那個空缺。」

春瑋氣定神閒地說：「這算是個說法，不過它太侷限了！」然後和陳老師一塊兒傻笑著。

除了自由和獨立，春瑋也很喜歡貓輕輕地偎在人身邊，又不屬於你的感覺：

「好像我們碰在一起很快樂，但是隨時可以走開，我喜歡這樣的感覺，『徜徉』就有點這樣的味道。所以後來我就變成貓，去玩，去靠近每一個人，感覺每個人對待我的方式，也觀察我被對待時的感覺。」

陳老師笑道：「哇！好多貓的感覺。」然後望著城光，「如果不把自己當個大人，也許這會是你眞正想玩的。搞不好用這樣的方式，你能夠獲得一直覺得欠缺的愛。」

■ 神秘的未知

春瑋很感謝發生在這個空間裡的很多事情。

「我知道，我會變成一隻貓，是這個空間給了我很大的信任和支持，如果在別的地方，我可能會擔心自己的屁股太大了！或者擔心我的樣子不像一隻可愛的小貓，當我去偎人時，別人會不會覺得我都三十歲了，還裝什麼可愛！」

「可是大肥貓抱起來很溫暖啊！」陳老師天眞地說。

「大肥貓？」春瑋杏眼圓睜，「老師！你一定要這樣講嗎？」大家又笑翻了。

「當我靠近老師時，在那一剎那，我覺得他就像個非常專心做學問的老教授。他完全清楚我在做什麼。我還沒到他那裡，他就先做出摸我的動作。這是所有的接觸裡，讓我感覺最敷衍的，好像急著把我推開。」

「我對肥胖有點心結。」陳老師笑著說，「春瑋一定很容易在處女座的身邊受到傷害。不過，在『**不管別人的譴責，也沒有一己的罪惡感**』這個部分的心象，妳體現得很好。」

「記得有一次，」春瑋說，「麻麻提出一個問題，就是意念能夠創造實相嗎？以前我不太能理解，如果以今天這個經驗來看，我覺得未知是很神祕的。」

陳老師反將一軍：「如果妳覺得未知很神祕，怎麼會認爲剛才那個老教授在敷衍妳呢？」

「哇！老師你好會記仇哦！」春瑋大叫。

陳老師訕笑著：「處女座嘛！」

「我會說未知很神祕，是因爲扮演貓咪時，無意中觸發了一些感覺……而我很感激那個觸發。」

接下來，春瑋似乎觸及內心深處的感覺，她的描述開始有點困難：「當我握著Yoyo 的手時，在那一瞬間，我竟然可以體會三十年前母親懷我時的恐懼。她也是未婚媽媽，而且沒有Yoyo 這般幸運，有一群朋友對她說『這是我們的孩子。』那時候，她的恐懼與自責一定很大……我覺得未

知的安排是很細微的。」

陳老師連連「嗯！」了兩聲，「我常講宇宙不是一個無意義的安排，雖然不是說它背後一定有個什麼東西。另外，各位有沒有發現受覺——身體的負向記憶，是跨越時空的？我很感激你們把『體現心象』做得很好，給我這麼寶貴的經驗分享。接下來是Yoyo，妳剛才怎麼做？有沒有發生什麼事情？」

恐懼之舞

Yoyo是去感覺身體有沒有什麼不舒服。

「醫生說我將來生產時得剖腹，所以我去體會那種感覺。當春肆貓靠到我腳邊，發出『喵——』時，彷彿就像我以前養的Kity，她的叫聲好斯文、好溫柔哦！」

「斯文大肥貓！」陳老師湊趣地說。

Yoyo有些神傷，「Kity是波斯貓，毛很長，懷孕後我就不再抱牠。湊巧在我店裡幫忙的小姐很喜歡，便送給她。做體現心象時，我突然很想念Kity，覺得對不起牠，我並不是故意拋棄牠。剛才雷雨交加，我忽然感到很孤獨、害怕，希望能有個胸膛依靠，可以安慰我，幫助我渡過這個時期。這個感覺很強烈，使我開始哭泣起來。」

春肆含笑望著大家：「現在該是這些爸爸們排班的時候，挺胸出來吧！」一夥兒人的笑聲竟然有些尷尬。

陳老師告訴Yoyo：「我們了解妳的感覺。妳放心，妳需要哪一個胸膛就告訴大家，妳可以選擇。不要忘記，妳是有一群人愛的。妳對生命都很有愛心，因爲貓的毛可能影響小孩，只好把貓送人。有時候，事情無法兩全其美，必須接受一些殘酷的事實。我想告訴妳，如果妳能深一層去經驗孤獨和寂寞，妳會發現這裡面有很深的、生命共通的存在感……」

「可是我平常沒有這種感覺，是因爲外面突然有雷聲……」Yoyo急著澄清。

「不不不，這種感覺不僅是外面風雨交加引發的，這就是『受覺』。當我們把注意力放在身體，就有所謂的受覺，有意識或無意識地，身體存在這一切變遷，包括本身的侷限性和由之而來的好惡和恐懼，都是身體在呈現或承載，因此稱它爲『受覺』。身體是宇宙的瞭望台，大小宇宙是因果同時的。頭腦是身體的一部分，身體知道頭腦所不知道的。當我們潛入身體，做體現心象時……」

「這些匱乏就浮現了。」Yoyo接著說。

「對。」陳老師點頭贊許，「因此才有蛻變的可能啊！妳必須讓這些東西出來，身體才會愈來愈輕鬆，愈來愈完整，受覺轉化，身心才會合一，這樣的揭露是很好的。妳得到這個指令，冥冥中必有巧合。它要妳相信妳的身體，所有的不好或不舒服的感受，包括妳聯想到以後要剖腹的恐懼，都是在調整妳恢復和諧狀態的一種舞蹈。恐懼是一種舞蹈，寂寞也是一種舞蹈，生命本身就是舞蹈。」

老師希望以後從七點半開始，我們要用半小時來做「體現心象」。

「允許身體自由表達，進入自己更深的感受，不害怕，也不控制，無論是什麼，都讓它出來。至少一個禮拜有半小時，可以在自己裡面，完成這些必要的體現心象。

如果你們對體現心象很熟習了，根本用不著指令，只需潛入身體就行了。我保證這樣Yoyo的小孩會愈來愈健康，長大不會有精神官能症或躁鬱症。其實身體有它的智慧，它永遠知道它要什麼。當妳愈能夠呈現眞實的內心，不是逃避，而是穿透、面對它，那麼妳的胎兒，包括妳自己，會愈來愈輕鬆，愈來愈完整、敞開而有智慧。這份講稿若整理出來，妳有空就多讀幾次，把它理解清楚，不懂的要問。妳隨時有需要，可以打電話，我們那麼多人，一個人陪妳聊一個小時，恐懼就消失了。雖然Rose沒能送丘胥一朵玫瑰花，丘胥一定可以送妳一坨牛糞。」

陳老師出其不意地開起玩笑，丘胥卻笑得很開懷。

陳老師環視著在場的男學員，「來吧！我們這些有胸膛的男人，去抱抱Yoyo吧！」

「好，我代表！」熱情的坤浩第一個跳出來擁抱Yoyo。

我不知道怎麼做？

「妳是如何呈現指令呢？」陳老師問Rose。

「一開始，我根本不能理解字面的意思，」Rose抱怨地說，「其他人的指令都很具體，而我完全沒有，沒有牌坊，也沒有SPA。」

「也沒有心象嗎？就是心中的感覺，當下的困窘？」

Rose搖搖頭，「記得大家開始動作時，我不知道要怎麼做，就站在那邊想，不知道這個過程還要多久？一直用腦袋在想。我不知道腦袋和心是不是合一的？或許我現在心是空的吧！只覺得腦袋裡有很多複雜的想法，一直轉，一直轉。起初我很不快樂，因爲不知道做什麼，然後，從不快樂慢慢衍生成憤怒。」

陳老師叫道：「對！這就是心象。」

「當憤怒的情緒出來時，雖然沒有人看到，但是我知道自己的眼神很不好看。」

「我看到妳的臉臭臭的！」丘胥說。

「喂！」Rose笑罵丘胥：「你自己不認眞，還看我！」然後又正色說：「如果周圍的人看到我的眼睛，一定覺得我很可怕。」

「從頭到尾，我都在觀察妳。」陳老師笑了笑。

「可是我背對著老師耶！」Rose驚訝且懷疑地說。

「對啦！我是看著妳的背影，知道妳在瞪著角落那座立燈。妳並沒有自己想像的那麼可怕，就算眞的很可怕，也不會有人咬妳的。其實妳那時的憤怒，就是我所謂的心象，怒氣也是妳內心的一股力量；妳可以讓身體去呈現，然後穿透它，認識它。」

Rose本來還會注意旁邊的聲音，開始生氣以後，注意力就回到自己身上，不管別人做什麼了。

「我的體現就在臉上，眼神變得像在瞪人一樣。後來，我試著讓那個生氣的情緒沉澱下來，

原本很不願意去動，不想離開本來站的位置，因爲不再憤怒，就覺得無所謂了。」

「那個位置讓妳很不舒服，但是妳願意去看著自己？」陳老師問。

「對！我開始走動，去倒水喝，讓自己更舒服，對自己更好一點，不要一直在那個情緒漩渦裡打轉。然後坐下來，摸摸自己的腿，回想起阿薰教我們的『直流電按摩』，我照著當時的步驟摸自己的腿，覺得很舒服。以前我很容易受天氣的影響，陰天時心情也跟著不好，當我好好去疼惜自己時，才發覺外面在打雷下雨，卻不覺得它會影響心情了。後來，聽到Yoyo在哭，我很害怕。」

「爲什麼？」陳老師問。

■ 害怕犯錯，害怕承擔一個新生命

Rose也問自己爲什麼害怕？

「我猜，大概是怕自己有一天會和Yoyo一樣。」

「未婚懷孕？」陳老師問道。

「對。」Rose有些畏縮。

「必須自己承擔一個新生命？」

「對。」

「妳覺得自己有這個可能嗎？」

突然，Rose對這個可能性感到心驚，愣了半晌，又覺得自己有點反應過度，乾笑了幾聲。大家都看到她的困窘，一起陪她笑著。

陳老師問Rose：「妳心裡一定出現過一些想法。」

Rose想了一會兒，「上一次的課程，Yoyo的妹妹也來參加，我覺得她們很勇敢，如果我碰到同樣的感情問題，大概會選擇逃避吧！我沒有那樣的承擔力。發生同樣的事，我可能會選擇把小孩拿掉。」

陳老師上身前傾，「凡是妳無法安排的，就把它割捨？」

「因爲我沒有能力，也害怕去承擔那件事。」

「老實說，先去愛，不要只是恐懼。每個人的能力都是一樣的，只要妳不設限。」老師強調著。

「我的意思是，我沒有能力去承擔外界對我的看法，尤其是我的父母。」

「父母的看法是可以理解的，但妳自己的看法呢？不要以別人的看法來逃避妳對自己的看法，逃避自由和自己，其實傳統和社會並沒有那麼巨大。」

這時坤浩忽然以梁祝爲喻：「照這樣講起來，Rose應該會愛上馬文才，不會愛上梁山伯才對。」

「所以丘胥比較像梁山伯，反應慢的呆頭鵝啊！」陳老師把丘胥也扯進來了。

春肆馬上扯著嗓子唱道：「想不到我特來叨擾，只有酒一杯！」大家又笑成一團。

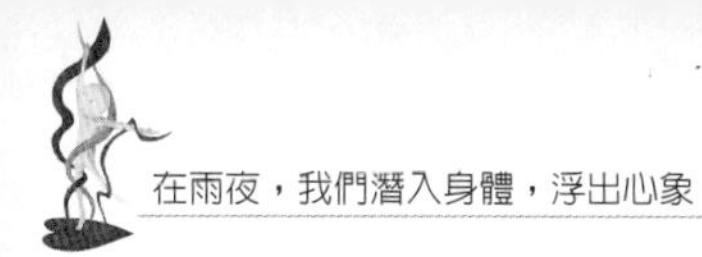

穿透恐懼的逆向操作

「剛才Yoyo哭的時候，」Rose認眞地說，「我看到春瑋過去安撫她，我很害怕，想前進又不敢，最後連看也不敢看，只想喘口氣，便走到外面去呼吸新鮮空氣，讓情緒回到比較舒服的狀態。」

陳老師嘆了口氣，「到目前爲止，妳已經做了完整的表達。」

「因爲我不知道如何詮釋那個指令，只好把自己從頭到尾的動作表現，還有反應在心裡面的狀況講出來。」

陳老師笑著說：「還差一點，就是『穿透它』。妳一遇到恐懼、不幸，妳就是不要，就算妳想面對，妳的習性也會把它打壓下來。我想建議妳，只要是妳所恐懼的，都要去穿過它，不要逃掉，不要這麼想當然耳地逃掉。當我們對一個人的不幸感到害怕，代表我們是感同身受的，只是我們寧願選擇恐懼，不願選擇愛。也因爲這樣，妳會永遠找不到眞心所愛的人，因爲妳不接受任何不幸的可能。因爲恐懼，妳對人生一直喊『不』，所以妳的人生會一直不快樂。因此妳一定要去逆向操作，去穿透它！」

「我不懂穿透的意思？」

「比如妳對Yoyo的處境感到恐懼，原本不想面對，現在便不管它會引發什麼不舒服的情緒，硬要自己去接觸，即使很困難，也硬要去完成，這就是『穿透它』。妳不會因爲逃避不幸，就能免於不幸。雖然剛才妳爲妳的心象找到一個喘息的出口，其實那是逃開，妳只選擇某些心象，其他的則避開了。聽得懂嗎？恐懼的逆向操作，就是選擇愛，這對妳度過一個完整的人生，或妳未來的幸福都有幫助。我告訴過妳，不要以自我爲中心畫圓，急著找到自己缺失的那一角，對一個人，怎麼可能只要我們想要的那一部分而已呢？我已忘了自己的初戀故事，卻永遠記得初戀情人講過的一句話：『我愛你的好牙，也愛你的壞牙』。讓我們完整的愛自己，也愛每一個人的完整吧！」

沙灘上的乩童

陳老師喝了口茶後，點名麻麻：「你是怎麼完成你的指令呢？」

麻麻一板一眼說將起來：「看完指令，我腦海中只有『旅行』兩個字，它讓我聯想到休息。好想在沙灘上晒太陽，吹著海風，聽海浪的聲音。所以我就躺在那邊，閉起眼睛，想像自己在沙灘的情景。可是在想像時，又聽到城光的哀嚎聲，眼前畫面突然就跳到廟裡的乩童在起乩。我想，沙灘上不應該會有這種聲音，就把注意力拉回身體，這時對城光的注意便減少了。突然，不到一秒鐘的時間，外面的聲音彷彿變成由我體內發出，同時在我身體某處也有一種微微的隱痛感，我感覺到一種連結。聽到雷聲時，我想到好久沒聽到了，覺得很舒服，它讓我感受到一種大自然的力量，很美的聲音。」

麻麻還沒說完，大家早已笑得東倒西歪。

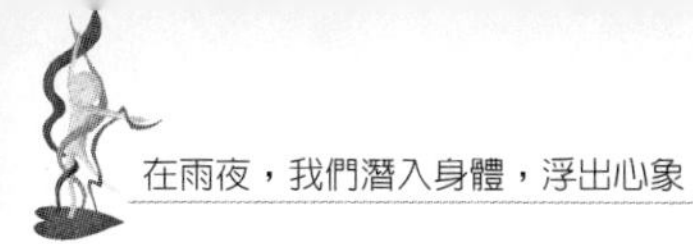

「看來你真的需要旅行。」陳老師笑道。

「當你躺下來時，我感覺你不是拒絕操作指令，而是正在旅行，不過前半段的動作你沒有交待就走了。你要去旅行，至少女朋友要交待寄放在我這裡才可以走啊！」

麻麻依然面無表情，「每個人都是獨立的，怎麼能把女朋友當物品交待？她會處理自己的。」

「講得好，我承認自己講錯了！」陳老師正經地說，「不過麻麻剛才描述的經驗，恰好呼應了我前面講過的『身體是宇宙的瞭望台，大小宇宙是因果同時的』。接下來，我要請容易緊張，不知道怎麼表達自己的伊正講話了。」

■ 表達事小，煩惱事大

伊正思索了一會兒，「我有讓身體自己去表達。面對問題時，有退到一邊去看，不要陷在裡面。」

「你的理解是正確的，然而你的身體是怎麼呈現呢？」

「我的身體有晃動，那我就去看。」

陳老師談到動作本身就是一種語言，從伊正的動作可以感受到他的焦慮。

「想讓表達愈來愈好的方式，就是不管表達得好不好，你要經常表達。對身體的動作也一樣，不要用太高的標準或別人的看法來看待自己。比如我說話有點口吃，年紀又大，聲音又不好聽，如果我認同別人的看法，那我就不敢講話了。其實口吃是我的一種頻率、一種舞蹈和特色啊！我誠實地接受它，用我口吃的方式做最自然的表達，這就是我所謂的勇敢。所以伊正你自由一點，快樂一點，不要緊張，不要擔心表現不好，我們只想看到眞實的你，不是要嫁給你。」

伊正不好意思地說：「每次要發言的時候，腦筋就變得一片空白。」

「你要練習。」陳老師勉勵伊正：「一個人沒有語言，就等於和別人沒有關係。在這邊你剛好可以練習表達，而且我絕對不會咬你，只會咬城光，因爲我已經講了他十二年了。」

「老師，我有話要說！」坤浩高舉隻手，「伊正他上課的時候不會講話，但是下課後很愛說，講一大堆。」

陳老師對伊正說：「對不起啦！如果我有點像你的父親，請你原諒我。我很無辜，因爲學生很容易把老師當成父親。如果過去你爸爸對你不好，不要以爲我是他哦！」大家笑開了。

伊正囁嚅地說：「由於我是長子，父親得老人痴呆症後，精神等於不在了，也不能帶動家裡的事情，現在是母親在料理家裡，這些事對我來說，都是很大的煩惱。」

陳老師緊盯著伊正，「如果你的問題是這麼巨大，那麼表達就不該是你的問題。重點應該是來討論你的煩惱，對不對？你不能因爲一點小小的表達不好，就不講話，可是內心又有那麼多的庫藏。」

世間的連鎖反應

伊正無奈，「我家裡的事情，有些不是了解就能解決的。」

陳老師卻篤定地說：「如果你願意了解，就解決了。比如說你了解人一定會死，不管用哪一種方式死，當你走到終點，就只能接受……」

「這我了解啊！」伊正搶著說，「可是我父親的事會影響到母親，她會恐懼，這又會影響到我。」

「這種連鎖反應必定存在，而且是無法解決的。你無法要求一個一輩子不知道自我認識的人，當他老了，要死的時候，不會有任何情緒反應。這時年紀大，頭腦也不靈光了，縱然想認識自己，都沒那個心力和體力，也沒有時間了。

以前的時代，都是秀異份子透過個人的修行，或千里訪明師進入出家系統，去洞穿生死的眞相，沒有現在這種團體和教育課程，教你去意識到這個問題，所以說無法解決的原因在此。而且我告訴你，人不是有這個煩惱，就是有那個煩惱，世間本來就是煩惱。到處是不完整、不幸福、不自由的人；到處是對外在有這麼多投射、不能面對自己的人，老是要用別人來塡補自己的利益，這個世界怎麼可能沒有苦難、沒有煩惱呢？這是必然會有的，無法逃避。」

「我沒有逃避呀！」伊正有點不悅。

陳老師趕快致歉：「對不起，我不是在指責你。我是告訴你整個現象是什麼，不是說你做錯了。如果你媽媽恐懼你父親的狀況，又沒有能力去了解現象和背後的原因，你就會一直處在她情緒的循環裡。如果這是必然的，你只有接受。

除了知道自己不希望事情是這樣，還要知道這就是事實，不是你的意願所能改變的。當這個接受來自這種了解，這個問題就解決了，也不會像你原先想的這麼煩惱了，懂嗎？就這麼簡單。這樣你就不必透過希望和想像，去和那個無法改變的事實抗爭。和一個既成事實抗爭，你當然會煩惱了。你的認同會使你變成問題的一部分，只能在情緒上自憐自艾、坐困愁城，你要這樣浪費精力和體力嗎？

我也講過，除非人能接受死亡的事實，否則好生惡死的恐懼，會一直尾隨著我們。

你爸爸的精神一定是愈來愈萎靡，你媽媽也一定會愈來愈恐懼。我們都把伴侶當做自己的另一半，當另一半消失時，也代表自己某部分在消失呀！所以來到他們這個年齡，對疾病、死亡的恐懼是很正常的。除非在年輕、有精力時，就有意識地去認識這些，就像我們以前討論過的，這些真相是我們年輕時就能看清楚的，爲什麼不？結果活得愈老，領得愈多啦！痛苦煩惱領得愈多啦！在你年輕時覺得這不重要嘛！像高速公路上忙亂的車流，無事忙，對不對？其實這種情形也是我們創造的，從某方面來講，這個因果報應是公平的。

你父母的情況只會愈來愈差，就像秋天到了，接著就是冬天了；生老病，死嘛！何況，連你

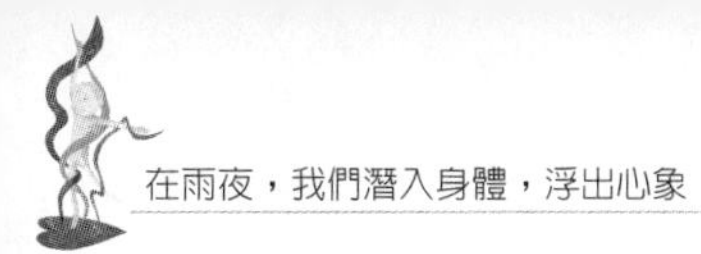

自己也在這個生老病死的循環裡。所以父母或親人的死亡所帶來的痛苦，是給我們一個警醒，我們現在還來得及，只要不把尾牙看得比自我認識重要！

尾牙不吃不會死，人不認識自己、不覺察煩惱會死耶！我所謂的『會死』，是指活到後來，不只自己煩惱，連自己也變成別人的煩惱，對不對？你只要知道這一點就好了。」

因爲年關將近，有學員因爲公司吃尾牙告假，老師剛好藉題發揮。

坤浩又跳出來幫伊正發言：「他自己本來說看得開的，現在又像看不開，結果他是看不清，也看不開。」大家聽他繞口令般說完這段話，都笑起來。

陳老師笑著對伊正說：「坤浩講這些，是因爲他很愛你。」

坤浩急著說：「因爲不講出來，他不會改呀！」

陳老師恍然大悟，「哦！原來你的目的是要他改，眞是太沒愛心了！」

「我不講出來的話，他自己不講，我們也不會發現。」坤浩說。

陳老師勸伊正：「啊！連我有口吃都能講了！做人不要太嚴肅，太嚴肅是種病態。」

伊正又說：「不只這些，包括工作方面也是問題呀！」

陳老師笑著說：「好，那麼從下個禮拜開始，你不用表達自己，每次只要講一個煩惱或問題給我聽，好不好？現在太晚了，雖然言猶未盡，我們下禮拜再續吧！」

從個人力量的完成，到愛的行動

——第三、四脈輪的世界

陳建宇講述／鄭輝煌整理／吳舜雯定稿

除非我們一無所知，
　我們才無能去做。
能知，
意思就是能行。
　擔當人性中最大的可能，
這是一個絕妙的啓示。
——安德烈·紀德《地糧》

■「手按脈輪」之必要

十二月的工作坊，我們齊聚中壢學舍，台北學舍的成員也南下參加。一起相處的這兩天裡，照例又掀起幾番驚心動魄的心靈披露，我們在其間落淚、感嘆、狂笑或沉靜地聆聽別人的生命體會，也釋出自己的感想和看法。

第二天上午，我們練習「人生禪觀注受覺療法」的A步驟「體現心象」；到了下午，陳老師繼續講解B步驟「手按脈輪」。

陳老師笑著說：「今天早上『體現心象』的練習，你們都做得比我預期的好。接下來的B步驟是『手按脈輪』。待會兒，當你們做完『體現心象』後，我會喊停，那時不管你們原先的動作是什麼，無論是躺在地上、坐著或是走路，當我喊停的時候，你們要停住，維持原來的姿勢不動，安靜下來。比如肯上午躺在地上，享受著扭曲肢體所帶來的痛苦和快樂，當我喊停的時候，便要停在那個姿勢，注意力依然保持在原先的動作上。『體現心象』的重點即是讓身體

去完成它該有的動作、情緒和感覺，不用頭腦分析。

然後，當我說『好！』的時候，請各位緩緩去感知身體的內在，注意力放在體內的中心，慢慢站直，兩腳張開與肩同寬，膝蓋微彎。膝蓋微彎是爲了讓膝蓋可以微調、微動，以保持靈活的狀態。

讓左右手順著身體的感覺，分別放在身體的第三輪或第四輪；第三輪是太陽神經叢，第四輪爲心輪。注意一種直覺的、當下的心象，去感受自己的左右手想放在哪裡？兩隻手不要都放在同一個位置上就行了。」

我們將兩手輪流貼在三、四脈輪上，試著感受身體想讓手放在哪裡。

陳老師的眼神來回掃視了一圈，「將手輕鬆貼著這兩個脈輪。注意身體不要緊繃，將手自然、輕鬆放著就好。雖然隔著衣服，還是可以感受到一種溫暖的膚觸，去感受它，這是一種自身能量，也就是生物能量與心智能量的相吸或相斥；你現下存在的狀態能夠藉此顯現出來。」

我們手按脈輪，試圖細細體會時，耳邊又響起陳老師的聲音：

「各位先不要急著做，我說明一下爲什麼要把手放在這兩個位置：

第一輪海底輪，位於脊椎底部，代表族群的力量，也是我們生命之所出的地方。

第二輪臍輪，位於下腹部到肚臍，代表著關係的力量，象徵人被養育的地方。比如阿秀在『看來，我們都活在過去和別人的需要裡』這篇實錄，呈現出她最在意母親的形象給左鄰右舍的看法，間接地傷害了她的婆媳關係。我們可以發現，族群和關係的力量對她產生的影響很大，這種感受和感覺，在意識型態上是屬於第一、第二輪的。

第三輪是所謂的太陽神經叢，位在肚臍以上，胸口以下。第三輪代表個人力量的完成，也就是我們在個體化過程中的樞紐，人格與自我的中心。再舉阿秀來說，她非常認同族群與關係，根本沒有自己，可見她個人的力量還沒有完成。」

陳老師也點名自己的一名資深學生：「像肯，他是么兒，從小養成無法吃苦的習性，到現在還是不喜歡吃苦，還賴在族群與關係的力量裡面，個人還沒成長起來，所以別人接觸不到他的自我與人格中心。他想當心理諮商師、治療師，而且也具備知識、學歷和其他的條件，可是就無法去愛人、帶領別人，因為他的心智年齡還停在一個小孩子的階段，取巧而不願意長大，以致於他在社會上所『示現』的一切，是一種大人的把戲，也就是面具、形象而已。

如果肯對自己的感受能好好覺察，便可以慢慢提升到第三輪，也就是完成個人的、太陽神經叢的力量。否則，當你的感官世界、意識型態還停留在海底輪和臍輪，也就是族群和關係裡的依賴、受傷和耽溺，就代表你的生命能量還在腰以下。」

所以老師叮嚀阿秀：「要讓那些族群和關係的聲音、對母親和對過去的不滿宣洩出來。如果一個人還活在過去，還活在別人的陰影裡，就代表他的個人還沒有完成。」

陳老師揚了揚眉毛：「講老實話，我們華人有百分之七、八十都還沒有完成這個部分呢！所以為什麼要你們把手放在三、四脈輪上，了解了嗎？這是為了提醒你讓能量升上來，讓你去意識到自我完整的必要性。我所謂對生命負責的態度，指的就是個人力量是否完成。我們只用一年的時間，不可能講到頂輪，能帶領你們觸及第三、四脈輪的人生境界，已經很了不起了。」說完，老師伸手向身旁小几取茶。

愛是心輪的力量

再來講到第四脈輪「心輪」。

「心輪位在胸腔中央，它的意涵是我們如何出自愛和憐憫去行動。當你的能量、意識提升到這個位置時，代表你的愛出得來，可以把自己的命運交給上天安排。在第三輪個人的力量裡，焦點還比較在於我和外在世界的關係，而第四輪情感的力量裡，焦點則比較在於我和內在世界的感覺、關係。我以前提過：『愛早就完成了。』你會發現心輪是『神愛世人』的樞紐所在，這便是能量來到第四輪心輪所產生的力量。反之，你會害怕孤獨，害怕承擔、背叛，會無法原諒自己、寬恕別人，而且也會一直怪罪族群，怪罪關係，認爲一切都是環境和別人的錯！正因爲如此，你的人生、生命會一直停留在腰部以下，你的個人（人格）出不來，情感（品質）也出不來。」

老師像想起什麼，看著阿秀說：「如果妳個人的力量完成了，接著情感的力量也會完成，妳會信得過命運、未知或神的安排，也相信生命中的某種直覺。妳不會去誇大社會體制的影響和制約，因爲妳的心已經充滿愛，已經可以燃燒了。阿秀和我才認識不久，她以前學過很多課程，她慣用創傷語言建立關係，也就是『苦難的貞節牌坊』，對不對？所以我對阿秀講，女人常會尋求親密團體的認同，那種尋求是爲了認識自己，還是另一種族群、關係的耽溺呢？總之，我們的隨堂實錄不乏微言大義，希望大家日後能仔細地看，也藉此觀察我們怎麼活著。」

陳老師再一次提醒我們：「手按脈輪的時候，要去感覺左右手各自想要放在哪個脈輪上。左手比較感性，右手接近理性；一個比較向內，一個比較向外。這個步驟沒有其他的規範或指導，希望你們相信自己的直覺，自己去覺察爲何是左三右四或左四右三？待會兒我會解說。

第四輪再上去，是第五輪喉輪，它與意志和自我表達有關，將來的步驟我們會用到，可是第六輪眉間輪和第七輪頂輪就用不到了。爲什麼呢？因爲我們的意識焦點和對生命的信託，還沒有來到這裡。眉間輪和智慧、直覺、洞察及思考有關。能量來到這裡的人，不用和你說話，他看你的行爲、姿態，一開口講話的那個氣味，他想都不用想，便知道你耽溺在哪裡了。頂輪則是解脫，是神性、開悟，是空，是一切與靈性有關的課題。當你來到這裡，便沒有自己，也沒有什麼族群、社會的意識型態，只有神聖的愛，衆生平等。

所以我給你們壓力，那是正常的，因爲你們沒有我想或看的多。也許你覺得不過是點小毛病，在我看來卻是大毛病。你的毛病如果不改，這一生就只能這樣了。比如說你不改變偏執的心智模式，不改變感受世界的方式，那麼你會活得愈來愈糟，不會愈來愈好。不要覺得我又在罵你們了，如果你們花工夫去覺察，卻不決定、不改變，還是繼續走老路，那麼即使我再怎麼苦口婆心，你們還是老樣子，因爲這與行動有關啊！這也是爲什麼我老對伊正說，做『體現心象』時要跨過身體的束縛，動作沒有那麼爲難；老和Rose說，送一朵花給男人也沒有那麼難，對不對？」

「實存問切」之必要

講解完B步驟，陳老師接著講C步驟。

「C步驟是『實存問切』。當你們手按脈輪之後，我會再請各位坐下來並且放鬆，左右手各自輕輕地、適度地貼在三、四脈輪上，去感知身體（前後左右）內在的中心，同時仍然注意著身上出現的任何感覺。我們從步驟A到B，逐次訓練大家把注意力放在身上，所以這時你們已經有能力發現任何感覺了。這時，請各位聽我詢問你們的身體以下十個問題：

一、你喜歡自己嗎？如果不喜歡，你不喜歡哪些部分？為什麼？你會積極改變你不喜歡的部分嗎？

二、你誠實嗎？你偶爾會說謊嗎？爲什麼？

三、你會批評別人嗎？你需要用責怪別人來保護自己嗎？

四、你能夠承認自己的錯誤嗎？你能接納別人給你的意見嗎？

五、你需要別人的贊同嗎？如果是，爲什麼？

六、你覺得自己是強壯或虛弱的？你害怕照顧自己嗎？

七、你是否曾經和不相愛的人交往，覺得這樣總比一個人孤單要好？

八、你尊重自己嗎？你能否做出改變自己生活方式的決定，堅守承諾呢？

九、你害怕承擔責任嗎？或者你覺得自己的每件事情，別人都有責任呢？

十、你是否一直希望過另一種生活？如果是，你曾經做過任何改變生活的事嗎？還是聽天由命地接受自己的狀況？」

陳老師以中醫的「四診心法」來作譬喻：「四診是望、聞、問、切，而我們這裡的『實存問切』，指的是就我們實存狀態來進行問話與脈診，只是我們的脈診指的是脈輪，不是脈搏。當你們聽完一個問題以後，要停頓一會兒，安靜傾聽內在的感受。如果身體有任何感覺或反應出現，就請告訴我或舉手讓我知道。將來我們操作這個步驟時，會分成兩人一組，一個人提示，一個是當事人。提示人提問之後，如果當事人沒有回應，那麼提示的人要再問一次，直到有反應再繼續往下進行。」

講解完了，陳老師滿意地看著大家，「接下來有一個小時的時間來練習，請大家聽我的指令，從**A**步驟開始，重新做一次。」

平常都感覺不到自己的心跳

窗櫺懸掛著一只竹筒，筒中插了一枝香水百合，風過處幽香陣陣，我們正專注於體現心象、手按脈輪、實存問切的活動中。

一個小時飛快地過去了，大家聽從指令，紛紛回到蒲團來，好奇剛才那段時間裡，大家的身心發生了什麼變化？

陳老師問大家：「做到**B**步驟時，左右手各放在哪一個位置上？這個過程裡發生了什麼？有沒有人願意分享呢？」

典正第一個發言：「就是延續早上的感受嘛！我先進到和呼吸配合的狀態，身體也開始穩下來。慢慢地，又浮現其他的東西，不過不像早上那樣能量亂竄，它出來一下又不見了。也就是說，它會隨著我的呼吸跑掉或移位，然後又有新的跑出來了。漸漸地，我感覺比較自在、放鬆，所以我的身體開始前後晃動，好像快睡著一樣，最後乾脆就在深沉的呼吸裡休息。」

典正感到這段時間的休息與放鬆，比昨晚整夜的睡眠還更充足。

「後來，我起來靜坐，感受全都集中在第三、第四輪。我是左手在第四輪，右手在第三輪，說不定這是我的習慣動作，因為我的左腹經常不舒服，用右手護著感覺比較好。」

「你的右手是放在太陽神經叢嗎？」陳老師再次確認。

「對。還有，我平常會用左手去敲胸部，因為覺得所有壓力都積在這個地方。我很自然就想這樣擺，雖然老師說左右手可以試著移動看看，調換以後反而不舒服，所以還是恢復原來的位置。」

到了C步驟，老師問我們問題的時候，雖然現在想不起來，但是我記得剛才對每個問題，都有很直接的反應。有的反應不只出現在其中一個脈輪，而是兩個同時都有，甚至還傳到左右肩膀、到腳或其他地方去。因為記不得了，所以如果要問我對某一個問題的感覺，可能要重新問才知道，但大致來說，心輪的感覺比較多。」

「喔！心輪的感覺比較多？好，那當我問你『你喜歡自己嗎？』，這時哪個部位的感覺比較強？」

典正表示：「只有這個時候，三、四脈輪會同時有反應。不過，太陽神經叢的感覺比較強，鼓鼓的。」

陳老師笑道：「我要請大家有點耐心，因爲你們的回應將會幫助我改善這個步驟及方法。比如今天早上，本來決定『手按脈輪』之後，就直接『清理內在』了，可是我突然有個直覺，想問你們有關脈輪的問題，因爲相應於我們的人生經驗或心智模式、文化傳承、時代趨向、關係結構、生態環境……等等因素，人在脈輪上，通常會有能量阻塞或斷層的現象。在『手按脈輪』之後，我設立了『實存問切』這個步驟，這會讓你們的身心更清醒，而不是單靠大腦在思考、在doing了！」

典正還有個新發現，「當問題都問完以後，我就覺得心跳好快，像小鹿般碰碰地跳。其實我有個問題，就是平常幾乎都感覺不到自己的心跳。還有，當老師的問題若和心輪有關，我的身體也會感受到很強烈的回應。」

陳老師提醒典正：「這是在告訴你，你用盡一切力氣在『做』的愛，卻不『是』愛，而你自己也從來沒得到『愛』。現在你『做出來的一切』都毀了，你卻還不知道什麼是出自愛和憐憫的行動或作爲。小心！這是與『存在』有關，與『做』無干。」

你喜歡自己嗎？

肯突然說：「老師，我的左手放在太陽神經叢，右手在心輪，當你問『你喜歡自己嗎？』我的左手直接說不喜歡，而右手卻說喜歡。後來的問題，我兩隻手的意見也都是相反、衝突的。」

陳老師先告訴肯：「這個意象不錯，你要去想想我說你是『取巧而不願意長大的孩子』、『在社會上示現的只是大人的把戲，也就是面具、形象而已』這兩點之間的關連。你自欺欺人得太厲害了，小心哪一天被人欺了！」

然後老師轉向典正：「你的反應不錯，是很重要的田野調查。我再問你，當我說：『你喜歡自己嗎？如果不喜歡，那是哪一部分？爲什麼呢？』這時你的反應是什麼？」

典正那時候心裡的回應是「我喜歡自己」。後來問到不喜歡自己什麼地方時，他的左腳有了反應：「整條腿很痛，我把腳伸出去，才不痛了。這時心輪這裡有點兒感覺，不過不明顯。」

陳老師再問：「那當我問第三個問題：『你會積極改善你不喜歡的部分嗎？』那時候你身體的感覺如何呢？」

「那時我的腳就明顯地伸出去，接著感到整個身體都很舒服。」

「是啊！你是該注意『腳根』的問題了。」陳老師意有所指地說，「腳是立地的根、存在的基礎，也是生命力的象徵。可見你人生的操作一向是逆反的，而且是以意志爲主導的。」

陳老師告訴大家，在討論時，我們可以像肯那樣，直接插話講，只是要先告訴他，我們左右手按哪一個脈輪？

肯立即接著說：「當我聽到第三個問題，提到『……不喜歡的部分』時，我發覺全身的感覺很激烈，而且很明顯！」

陳老師告訴這個跟了自己十幾年的學生：「你那種什麼都不做的態度，會讓身心充滿二氧化碳，有愧神明，身體遲早會受不了的。我希望你們注意到能量會隨著實存的狀態而互爲因果反應，這從我們的身體或者受覺就可以直接知道了。」

我是親密關係中的寵物

「老師，那我呢？我只有一隻手放在心輪上。」南寶問。

「哪一隻手？」

「右手。不知道爲什麼？我的左手不想放在任何地方，而且我所有的反應都出現在心輪。」

陳老師意味深長地看著南寶，「你願意聽眞話嗎？」

「嗯，願意！」南寶誠懇地說。

「那麼我講老實話，你已經逃避自己很久了。你喜歡用動物、用貓來代表自己的存在，第三輪太陽神經叢代表個人的力量，因爲你逃避自己，所以不想把手放在那裡，但是你又是個很有愛心的人，你對情感的直覺很強，你的理性或頭腦僅是拿來謀生用的，是局部、也是次要的。

你願意把右手放在心輪，可是左手就是不願意放在第三或其他輪脈上，因爲你只對情緒感受

敏銳。基本上你逃避了自己，所以包括你在愛情中、在親密關係中，你都用動物對動物的方式，因而你和韋仁之間會使用『狗狗』、『貓貓』的語言來和。你不是以一個人格，而是以一個動物的心態在談戀愛。那動物又是什麼意思呢？也就是一個寵物嘛！

右手代表陽剛、主觀，你強烈地感受到右手要放在心輪上，這意味著你相當主動積極地支撐你的感情。左手代表陰柔、內向，你卻不肯放在凸顯個人力量的太陽神經叢上，表示你不會去支撐個人的自我成長。你知道意思了嗎？你用一種特殊的方式活著，而那個方式和大多數人比較不一樣，因為你逃避了自我。可是你又需要一種情感的、愛的關係，只不過你比較喜歡當貓，不喜歡當人，不想以一個人的角色呈現自己。就像人家看我們身上穿的衣服，那也是一種『體現心象』，你的穿著使你像個可愛的玩具，可愛的玩具裡頭沒有個人，沒有自我，對不對？我以上所說的，是揭發我所看到的現象，不是結論，也不是指責哦！

所以，如果你一直不肯去碰個人的力量，也就是第三輪太陽神經叢的部位，那麼你身體的心智，或者說你的心智模式，就是你能量的模式哦！像肯的能量反應模式果然如我所預料的，之所以還要做田野調查，是印證這個方法是有效的、科學的，而且還是哲學的。它有一定的原則和軌跡，這樣創造出來的療法才會有效，也才能為他人的身心做整合和革命。」

妳的身心反應是一盒固定的拼圖

Rose相當認眞地說，她在做A步驟「體現心象」時，就覺得肩背好痠好痠。

「做B步驟『手按脈輪』時，我的左右手試過兩個位置，最後覺得左手在第三輪，右手在第四輪，這樣比較舒服。只是右手放的位置雖然是對的，卻覺得很累呢！很想把右手移開，又不知道要放在哪裡？當老師在問問題時，只要是肯定的，幾乎我的右手在心輪都會有反應；若是否定的，則左手在太陽神經叢也會有反應。若是我想逃避、抗拒，或很難說Yes和No時，那麼我的肩膀就會開始痛起來，即使頂著牆壁還是很痛，而第三和第四輪就沒有任何反應，可能是被疼痛感取代了。」

「Rose，妳的身心反應幾乎就像一盒固定的拼圖，」陳老師下巴微抬，「所以妳無論如何要去解放妳自己，去打破很多認知或經驗的條條框框，甚至讓妳的攻擊性出現，不要爲了形象去壓抑什麼。」

老師看著我們，笑道：「所以，你們是很精準的小白兔呢！經過這樣的實驗後，這個方法可以證明有效了！好，還有沒有其他人？」

阿秀說她也是左手放在第三輪，右手在第四輪。

「當我的左手放在太陽神經叢時，我覺得好舒服，好溫柔，而且非常飽滿。右手這邊的感覺則是一種力量，一種光。」

陳老師說：「這是一種陰外陽內的組合。陰指左手，外指第三輪（個人與外在世界的關係）；陽指右手，內指第四輪（個人與內在世界的關係）。這種組合（能量狀態）的人比較外柔內剛、外圓內方。

阿秀放的位置和Rose一樣，不同的是阿秀的右手帶來力量，Rose的右手卻想離開心輪，因爲很瘦，瘦的原因是她自己也受不了這種剛強，這種不可承受之重。」

Rose頻頻點頭：「對呀，我覺得手眞的好瘦哪！」

可是阿秀的手臂在老師問到十個問題之後，也是愈來愈瘦啦！

「不知道是不是因爲擺太久還是怎麼樣，兩隻手都會瘦，但是右手比較明顯。雖然如此，我沒有任何要放下來的想法。當老師問到『你喜不喜歡你自己？』，很奇怪的，我的身體一陣緊張，好像空白了一下，它不敢反應。然後，我的第三輪開始有反應了，它急著說『我喜歡！我喜歡！』可是第四輪這邊好像不確定，慢慢地變成像天秤一樣，一高一低地擺盪著，還好，最後擺平了。」阿秀說完，害羞地笑了起來。

陳老師笑道：「嗯，我很喜歡你們對自己的反應能這麼清楚，有什麼覺受就老實講，不是用頭腦去想的。」

典正談到還沒來工作坊以前，他的左手臂已經痛了好幾天，甚至痛得拿不住東西。

「手按脈輪的時候，竟然都感覺不到左手臂的痛，好像心輪的力量傳給了它，覺得很飽滿。但是按在第三輪的右手臂卻開始痛起來，那個疼痛的感覺，彷彿是從左手移到右手來。」

Rose想起兩個月前的工作坊，丹丹帶了一個活動，那時和現在一樣，她的肩背都感到很痛。

「不管是做『體現心象』或『手按脈輪』，都是這個地方痛，不知它是怎麼了？」

「是左邊肩胛骨嗎？」陳老師問。

「就是這個地方！不知道爲什麼？」

肯提出生物能的說法：「這是代表一種攻擊。妳有一個攻擊的趨向，但是沒有讓它出去，如果出去的話就完成了。」

還有一些人沒有發表心得，陳老師建議以後再來討論這種攻擊的本質是什麼？

不過Rose 仍想繼續，她有點生氣地說：「剛才做『體現心象』時，我一直想把它甩掉，心裡一直發出『走開！走開！你趕快走開！』它就是甩不掉啊！還是一直痛。我用盡全身的力氣抗拒它，也試著安撫它、揉它，可是不管用什麼方法都沒有用。」

「妳有沒有很想罵的人？」陳老師問Rose，「有沒有人讓妳很生氣，想罵他卻講不出來？妳現在試著攻擊看看。」

Rose 愕然，「呃，要罵誰？我想不到要罵誰啊？」

肯覺得Rose 剛才一直喊著「走開」，看起來很像小孩子。

Rose 吞吞吐吐地說：「當我在心理想著『走開』，那個……那個……其實我心裡想著，不要

父母給我那麼多的束縛、限制，讓我能自由自在……對！所以我說『走開』時是憤怒的，可是……當我這樣想的時候，又會覺得難過，很想掉眼淚。」

陳老師笑著，不斷點頭，「我懂，我們以後再處理。」

■小孩長大了，開始東走走，西走走

這時澤民說：「當我左手放在心輪，右手放在太陽神經叢時，我發現身體馬上自然而然地往上仰；後來再試著左右手對調輪脈的位置，相反地，身體就會往下沉。雖然往下也不致覺得不舒服，最後我還是選擇左四右三，因爲這樣我能夠深呼吸。」

陳老師贊同：「對，選這個對你有幫助。」

澤民說他對前兩個問題的反應最明顯：「第一個是『你喜歡自己嗎？』那一瞬間，我的心輪就喀地打開了，很清楚地知道『喜歡』，接著我的嘴角就往上揚了。」說完以後，澤明傻笑著。看到澤明的喜悅，陳老師和大夥兒跟著笑起來，「哇！難得看到一個人那麼自戀，可是我鼓勵人要這麼肯定自己。」

澤民慢條斯理地說：「當問到第二個問題『如果不喜歡，是不喜歡自已哪裡』時，」澤明摸摸肚子說：「那時我太陽神經叢的反應就很強烈，因爲我這個肚子很大嘛！」

「那麼請問你，到底是喜歡還是不喜歡自已呢？」

澤民拍拍碩大的肚子說：「應該說，這個肚子是我的死角。」

陳老師有點不解，「那是什麼意思？你是喜歡自己的，因爲心輪的反應很高興；可是你也不喜歡自己，因爲太陽神經叢對肚子的反應很激烈？」

澤民無可奈何地說：「也就是說，身體的部分，我不喜歡這塊肚皮啦！」

陳老師恍然大悟，「嗯，我懂了，搞半天就是不喜歡這個救生圈啦！不過這不是身體不喜歡自己吧！而是頭腦不喜歡這部分哦！」

澤民覺得那時太陽神經叢的反應很強烈，其他的大多是心輪的反應，只是沒有像第一個問題那樣強烈。

陳老師問澤民：「你在『體現心象』的時候，能從早上的動作連貫下來嗎？」

「有啊！我早上做的時候，感受到一個小孩子般的心情，下午我就從這裡開始，然而做到後來卻發現，耶——這個小孩長大了！」澤民大笑不已，邊說：「我發現這個小孩長大一點了，就開始東走走，西走走……」

陳老師笑著說：「然後就睡覺了！」因爲剛才有一陣子澤民躺下來，似乎睡著的樣子。

「那是後來覺得無聊了。」

「因爲無聊，你就跑去睡覺？」

「沒有，沒有。我發現坤浩用毯子把頭包起來，覺得他好厲害呀！於是我也想包包看，卻發現這樣很難呼吸。」

陳老師點了點頭，「像南寶有幽閉恐懼症，我們試過用塑膠袋套住他的頭，他就會呼吸困難，很恐慌，或者用手捏住他的鼻子，他也會怕得要命。」

我整個人只剩下甘蔗渣

輪到城光，他表示兩種方式都試過了，「結果發現我喜歡左四右三的擺法，身體也覺得很舒服。如果換成左三右四，感覺就不太好，有一種排斥感，會想把手拿開，所以最後我決定用第一種方式。老師的第一個問題是『你喜不喜歡自己？』這時我發現除了肩膀和背部以外，整個身體我都喜歡。但是問第二個問題時，我就睡著了。」

「問到第二個問題就睡著了？」陳老師難以置信，「眞幸福！」

城光覺得剛才會睡著是因爲平常太ㄍ一ㄥ了：「我就像甘蔗，整個人都被榨乾了，汁液全都沒有了，只剩下甘蔗渣。」

陳老師哈哈大笑，「你現在講出來的話，比起早上要好上百倍！你現在就很貼近自己的感受，人家聽到這樣的話，一定會尊重！你以前那種抽離的語言，把自己隔得那麼遠，不要怪別人不愛你，而是別人想愛也愛不到你。懂嗎？你誠實地講出內在的感受，沒有人會說你錯哦！而且從內心講出來的話不必多，一兩句就夠了，比你用頭腦拉扯一大堆還清楚，也讓人感動啊！」

丘胥打趣說果然睡著有效！

■ 你真的沒辦法成為心靈導師

輪到肯，他說：「當老師問到『你對自己不好的地方，會不會採取什麼行動？你會不會說謊？』時，從我左手太陽神經叢的地方，發出很大的聲音說：『不會！我都不做！』『我常常需要對某些人說謊！』而且這個聲音是理直氣壯的。這時我的心輪沒有力量，也沒有反應，像個泄氣的皮球，太陽神經叢的聲音卻很大，好像一點也不覺得羞愧。」聽到這裡，我們早已笑得東倒西歪了。

「眞是沒心肝！」陳老師笑著說。

肯則自我解嘲：「是沒有羞恥心。還有一個很特殊和矛盾的地方，是太陽神經叢的掙扎。對我來說，我的喜歡和不喜歡都非常大聲。感覺好像……不知這怎麼講？」

陳老師問道：「你害怕承擔責任？或者你認爲自己的每件事情，別人都有責任？」

「對這兩者我都覺得有意見，也很掙扎，可是整體來看，我對自己並沒有太多意見，對自己的不好也不覺得不對，而且在太陽神經叢來說，對我自己那些不好的部分，往往是沒有力氣的。」

「這是什麼意思？」

「就是沒有力量。也就是說，我的第三輪對於所謂的社會形象或正面價值的建立有問題，在這裡個人是沒有力量的。」

陳老師點點頭，「嗯，第三輪是人在個體化過程中的樞紐，也是人格與自我的中心，亦即所

謂『個人力量的完成』。它的焦點比較在於『我和外界的關係』，並不直接等於『社會形象或正面價值的建立』哦！你滿用力於建立『社會形象』，可是其中卻沒有你的人格中心。」老師接著又問：「你不是說第三輪的聲音很大嗎？」

「對，但比較是陰影的部分，對正向的部分卻沒有反應。」

老師打趣說：「這樣看起來，你眞的沒有辦法成爲心靈導師。」大家哈哈大笑。

肯也笑著說：「因爲沒心肝！」

陳老師笑道：「你的陰影那麼大聲，光明的力量卻一點聲音都沒有，你又覺得自己這樣沒什麼問題，讚！算你誠實。」

我就是不想把左手放在第三輪

輪到晶敏發言：「不曉得是故意的還是怎樣，我好像放錯位置了。我的右手放在心輪，左手卻想放在肚臍以下的臍輪。我一直在想，老師爲什麼光是強調三、四輪？我就是不想把左手放在第三輪呀，因爲一放上去就覺得不舒服。」

陳老師嘆了口長氣，「對，所以說身體很誠實啊！因爲晶敏從來不爲自己負責，都是爲了她的家庭（族群）和感情（關係）負責，也就是說，其實她是生活在族群和關係裡頭，食色性也。」

晶敏承認：「我知道是生存的問題。」

「對，生存的恐懼，或者應該說是性。如果妳第三輪不開發，這兩邊的問題不會解決，因爲中間是空的。」

「我知道啊！最近我發現到這個地方有變化。」晶敏碰了一下第三輪的部位，「因爲最近做身體工作時，我會害怕碰這裡。」

陳老師開玩笑說：「哇！妳講得好神秘、好曖昧！」

晶敏急忙解釋：「不是啦！因爲最近有些情緒，身體不太舒服，就會去碰觸自己，看看是哪裡不對勁，了解它有沒有什麼話要說？結果發現太陽神經叢這裡是抗拒、發硬的。」

「發硬？」

「對，這一帶全都硬硬的。」

春瑋問晶敏是否練出腹肌來了？大家笑了一陣。

「她不是練腹肌，而是在身體內部有著沈重的僵硬感。」陳老師笑著說。

「對！」晶敏點頭。

陳老師語重心長地說：「這種沈重的僵硬感源於逃避自己。晶敏有很多問題不願去面對，只想待在族群的生存（食物）和關係（性愛）裡，她就在這種張力裡面巧妙地逃開了自己。個人力量未見完成，結果生存就一直是恐懼的，關係也一直是飢渴的，這樣下去，當然沒辦法反應外界的設定和期許。如果這個模式不改，就會被問題淹沒，到最後只有崩潰，甚至於無法存在哦！」

陳老師盯著晶敏，「所以妳不能逃避以下這些問題，比如『妳誠實嗎？』『妳愛自己嗎？』

『妳對自己是否有責任感，能夠堅持承諾，願意對自己的改變做任何的努力呢？』等，這些問題都是太陽神經叢、個人力量的問題，當妳逃避之後，繼而引發了僵硬和停滯感。

而且，如果妳想學禪，想走修行的路，個人力量沒有出來是走不上去的。因爲妳個人力量不成熟，它要嘛退化，否則就抽離、想像，搞到後來變成怪力亂神。因爲個人的力量沒有出來，人才需要神佛的力量哦！到時妳可能會相信一些合成的顯相、一些道佛不分的禪功、嬰靈什麼的，妳可能會跑到巫術的層面，因爲妳個人不夠健康，不夠理智，人格中心——素質沒有出現嘛！妳知道意思嗎？」

「嗯，嗯……」晶敏點著頭。

「這個時候……好吧！只要有一個男人能夠給妳愛，給妳性，妳就忙著談戀愛去了，不會想管這些問題。這是很大的限制和空洞，個人力量出不來，沒有任何一個問題可以處理的。就像肯，他陰影的力量很大，可是心輪這裡卻沒有感覺，不管你說對人類有多大的愛，這樣又如何成爲心靈導師呢？」

「最多變成魔王！」肯開玩笑地說。

「對啊！恐怕晶敏不會喜歡我，不會喜歡人生禪，將來也會想離開，因爲這樣的團體會要求妳要健全，要有創造力和行動力，要覺察。這種主張是非常知識份子的宗教，也是禪、佛教的精神。妳的第三輪有硬塊，爲什麼妳講幾句話，我就知道這麼多？因爲我也經歷過，我知道當我不爲自己負責時是怎麼樣的。我還要告訴妳，只有當妳有意識地讓個人力量出來，妳的靈魂伴侶才會出現，不然妳的愛情就會侷限在性或愛的飢渴上面，或者像南寶一樣，是用寵物的心情去談一種卡通化的戀愛。」

有一種左四右三的組合

丘胥一開始想著哪隻手要放哪兒，結果還沒想清楚時，左手就自動放到第四輪，而右手則放在第三輪了。

「後來我又想，要不要換個位置？卻發現沒有一點兒想動的意願，便一直保持這樣的位置。這個過程中，我並沒有什麼強烈的感受，除了做『體現心象』時，我曾躺在地上，因此身體覺得冰冷；到了手按脈輪時，從手按著的地方開始有熱傳進去，接著整個身體也開始發熱，這種熱度從頭到尾都沒有散掉。」

陳老師分析這種組合：「右手放在第三輪，而左手放在第四輪，這是陽外陰內的組合，外剛內柔、外方內圓。因為右手代表陽剛、理性、能處理問題的左腦；左手代表陰柔、感性、能意識問題的右腦。第三輪是個人與外在世界的關係，而第四輪則是個人和內在世界的關係。不過老師不是指這樣才算正常，而是說有一種組合是這樣的。」

「我也是這樣放！」春肆含糊地說。

陳老師笑著點點頭：「丘胥這個人有主張，但不是太武斷，也不會太男性化就失去女性面，是比較陰陽對稱的發展。當然，有時候會失之於陰柔、畏縮不前。但我不希望你們以為這樣才好，各種陰陽組合的呈現仍然有其需要，否則你勉強自己，身體也不會允許你這樣做。我透過這個方法，從『體現心象』『手按脈輪』到『實存問切』，一直在增長你們對身體意識和實存狀態的覺醒，而不是用頭腦去搞分析。頭腦是社會的，而修行是個人的，是向內挖掘，不是往外證明的。」

「觀注受覺療法」從何而來？

討論到這裡時，陳老師又回過頭來談及「人生禪觀注受覺療法」的源起。

「這不全是我發明的，而是心理學界的成果，我從美國人尤俊・簡德林（Eugene T. Gendlin）博士的六項專注步驟（The six focusing movements），加進現在這三項而成的。當我看到簡德林的學說時，就知道必須再加進脈輪心理學和生物能的原理，也就是讓心智模式契合能量模式，這個療法才會盛行而好用。只要你有愛心、有覺察，願意爲衆生負責，老天爺一定會指引你什麼東西要怎麼用，對別人會有什麼幫助。我有很多創造其實不是我首創的，而是一個直覺，好像古已有之，存在『某處』，我只是信手把它拿出來而已。」

陳老師認爲，「專注步驟」馬上要人用感受或想像的方式去清理內心的庫藏，是沒有效果的。

「因爲它要你一開始就找出自己的問題，列出清單，然後不和這些問題認同。這很困難，對不對？我們怎麼可能不和問題認同？所以我倒果爲因，把這個要求交給身體去實踐，耶——覺察自然就出來了，這時就不是用想的，而是直接從練習裡觀察身體的反應，差別就在這裡。」

陳老師在六項專注步驟之前，加入三個步驟：

A步驟「體現心象」，是讓生理的意識先覺醒過來，讓身體去做主。

「我這個『讓身體做主』的意思，是指現代的科技文明打壓身體，已經失去和身體的連繫了，不是指身體就是人生命的最終哦！現在先要回到身體的主軸，把注意力從外面拉回來，再從受覺的觀注做起，而受覺其實是一種心智的能量模式，或者說是能量的心智模式。也就是說我們要成長以前，必須退後一步，先從頭腦回到身體，身體意識的覺醒融合頭腦的理性分析，人便能觀察而專注，專注而觀察，從受覺的解讀中，得到釋放而全然的接納，進而超越到靈性的層面，這是我研發『觀注受覺』的原因。」

加進B步驟「手按脈輪」，是因爲生物能量是最直接的，而手也是我們身上最敏感，最常用它來接觸事物的部位。

「人有七個能量中心，我只選擇三、四脈輪，是因爲族群和關係的力量對現代中國人的影響還是很大；往往個人的力量還沒有完成，情感的力量也未見品質，一開口就講大我、無我，腳跟都踩不穩了，馬上就想飛上雲端，這可能嗎？你明明就有我，有我就有欲望啊！你又要無我，明明小我還不健全，就講大我，那到底要怎麼辦呢？所以我從手按三、四脈輪談起，但這還不是最終的，人有七個能量中心，循著這個脈絡走到頂輪，才是空、圓滿哪！」

陳老師把話頭撥回晶敏身上，「妳看，從生物能、心智的模式和妳目前的生活方式，都可以看出妳的命運是妳創造的哦！因爲妳逃開了，只想選擇第四和第二輪，所以妳一點都不可憐。不要再自憐自艾，講老實話，妳要把這個找回來。」老師指了指第三輪。

「你也是，」這次矛頭指向南寶，「不能老是躲到動物裡面，只要這個，不要那個；只用強有力的右手去支持你那性感、有魅力，或者說很有情感品質的心輪，就是不願把左手放在太陽神經叢，從某方面來講，這是逃到社會的邊界。」

至於加入C步驟「實存問切」，是因爲當我們進行「體現心象」，加上「手按脈輪」，再透過一些問題來理清實存的狀態時，我們很自然就在身體上、在能量上，也在觀察上了。

「這些問話會讓你敏感到原本無意識的痛苦和一些生活的實相，這就是『實存問切』。如此一來會形成一股能量的竄流，這是相當強烈的，這時再挑出首要的問題來處理，所謂擒賊先擒王嘛！挑出最痛苦、最害怕的問題去接近它，進而解放它。

包括晶敏如果願意的話，她的硬塊都可以消除哦！因爲透過釋放，能量模式一經改變，壓力就會不見了。像典正，如果你看開了，別人要砍就讓他砍嘛！要不然怎麼辦？或者乾脆去出家！」

說完，老師又趕緊澄清：「這是開玩笑的啦！重點是這樣你將來到一個受覺轉移或蛻變的階段，你的意識和問題的關係都不一樣了，身體的能量和壓力也得到清理，你就會看到眞相了。這時你怎麼可能不解脫，不自在呢？你會發覺自己的生命和愛像是多出來的，你自然會去愛人，這時你還會繼續向錢莊借錢，玩生意，再被追殺嗎？不會啊！因爲你玩夠了嘛！」

如果你懂觀察

陳老師喝了一大口茶後，問大家對這一系列練習的脈絡，還有沒有問題？

阿秀說：「手按脈輪的時候，當老師問到『你有沒有說謊？』時，很有趣的，我感覺兩個脈輪都沒有強烈的感應，內心卻有一個『假』字跑出來了。那個『假』字出來以後，我的兩個脈輪才有一點點動。我心想，還好，只有一點點動，不是很嚴重。」阿秀小心翼翼說完即哈哈大笑。

陳老師也笑著說：「大家聽阿秀講話，就知道她是怎麼活著了。從她很簡單的一段話裡面，我們就能了解她是怎麼感覺和看待自己的經驗。肯，你懂得觀察嗎？這就是了！觀察不是心理學上的一些知識概念，如果你懂觀察，便可以在一個人的談話裡面，看到他整個人的生命態度，懂嗎？進一步地，你還可以預測他人生的命運將會如何？這是爲什麼我講話狀似武斷，也惹得有人倍感壓力的緣故。你們說老師會算命、有神通，其實我都沒有，我只有觀察。我從身體、心智、靈性，包括能量各方面來觀察，那才會準，不過卻不是爲了準哦！這樣才能指導別人修行，也才能覺察，不然覺察會變得很抽象，變成一種觀念了。」

問問題，我都有反應

陳老師又點名始終沈默的伊正：「虧你長得那麼帥，要勇敢一點表達呀！」

伊正不好意思地笑著，他說左手是放在第三輪，右手在第四輪。

「我也有調整過，但是發現右手放在第三輪時會痠，所以擺了幾次之後決定這樣。然後老師在問問題的時候，我都會有反應耶！兩隻手都有，只是順序上第三輪先出現。比如老師問：『你喜歡自己嗎？』我發現兩隻手的反應都是喜歡啊！」

陳老師問伊正：「是否兩個脈輪都有反應，只是有先後不同？」

「對，對！只有先後的不同，老師提醒我們，盡量不用頭腦去回答問題。不過後面在問什麼，我就搞不清楚了。」

「你睡著了嗎？」

「沒有，只是搞不清楚。」

阿秀也問老師：「像我這樣和大多數人不一樣，有必要調整嗎？」

「不用啊！妳發展到哪裡，到那裡就好了。爲什麼我不讓你們兩隻手重疊在一個地方？因爲分開的話，你才知道哪邊的力量比較強，哪邊比較弱。」

典正也指出他的反應和伊正不同，都是單向的，不是同時兩個都有，而且在心輪的比較多。

陳老師打趣說：「搞不好你事業很成功、很賺錢的時候，就不是在心輪了。」

典正認爲以前拼事業的時候，一定會把人際關係分清楚。

「從三十幾歲開始，我逐漸想去突破這種想法，因爲不希望自己只是賺錢，而是和每個人都有感情。走到後來，發覺好像可行，於是我愈來愈有信心，經營事業也不一定要見到錢才行動了。」

「唉！如果我們十年前就認識該多好！哈哈，開玩笑的！」

窒息讓我保有獨處的空間

陳老師請另一位學員發言，「春瑋，妳講過了嗎？」

「我講過了。」

「咦？妳講過了？」

「剛才丘胥在講的時候，我有說『我也是』。」

平時踴躍發言的春瑋，今天有點反常，老師再度鼓勵春瑋從「體現心象」開始講起，春瑋卻要坤浩先講。

「好吧！男主外，坤浩先講。」

「甜甜蜜蜜！」肯也打趣這對情侶。

不料坤浩低調地說：「首先哦，我覺得在團體裡面不要介紹mark比較好。」惹來一陣哄堂大笑。

陳老師笑著說：「他這是害怕關係的力量。」

坤浩言歸正傳：「也許礙於手的長度，我覺得左手在第四輪，右手在第三輪的方式，才不會有不舒服的感覺；如果換過來，右手在第四輪的話，會有壓迫感。」

「有壓迫感是因爲手臂碰不到嗎？」陳老師問。

「碰得到啊！」

老師建議坤浩可以用觀想的。

坤浩把話題引開：「剛才澤民提到我用毯子把自己包起來，我想，從以前我就滿喜歡自處的，這個時候我不喜歡亮，比較喜歡黑暗，這會讓我覺得很自由。今天的課程上到現在，我覺得……也許是因為春瑋的關係吧！大家常講到我們，這會讓我覺得沒有空間，有種窒息的感覺，所以我想把自己包起來。」

肯問道：「可是包起來不是更窒息嗎？」

「不是，你可能不曉得我的意思，反而是包起來，窒息的感覺會讓我保有獨處的空間。所以我剛才說不要貼上mark，不要給我貼上標籤，這樣會讓我好像沒有自己的地方，我會想逃，怎麼說……」坤浩講到這裡，安靜下來了。

有一會兒，都沒有人講話，氣氛顯得有些沉悶，春瑋臉上浮現難過的表情，大家看在眼裡，心情也不舒服。

這時候，澤民忽然唱起歌兒，打破了沉默：「你說你想要逃，偏偏註定要落腳——」大夥兒也輕鬆地笑開了。

南寶笑著說：「你們昨天唱了一晚，還不夠哦？」

原來昨晚睡在中壢學舍的人，都跑到城光家唱卡拉ＯＫ。

陳老師眨了眨眼，「感情裡面一定有這個部分，不管怎麼相愛，也會想有一個獨處的空間，這是正常的。如果我們眞的珍惜這段關係，便不要害怕這種感受，替彼此把一點適度的距離和空間保留出來。處女座的人很敏感，我也是處女座，我知道。當我上完課回到家裡，我常常先跑到廁所去看上兩個小時的書，不過我不會關門啦！我家的小朋友有時候會問：『爲什麼爸爸一回來就待在廁所裡？』我也老實告訴孩子：『因爲爸爸想獨處啊！今天在外面和一大群人相處太久，現在想一個人看看書，你們不要吵爸爸哦！』

如果我們用一種健康、理性和感性兼具的態度，來看待彼此的需要，便沒有什麼問題是別人造成或害你的，也沒有什麼事情是不能承擔的，不致於把別人看得那麼巨大，使得你沒有自己的空間。你們叫我老師，但是這個標籤，並沒有妨礙我在群衆裡擁有孤獨的空間。我不會因爲我是陳老師，講話就很緊張，想著應該把話講得很好才行；當我聽你們說話時，也不會因此就失去一個人的感覺。人的心智和情緒就只有那些，如果你如實地觀察自己，這些事情你早就知道了，沒有哪件事情是你意料之外的。我不會緊張，是因爲我不會想要表現得很好，所以我隨時都能獨處，這也是爲什麼你們覺得我是空的。好，還有沒有人沒講話的？如果沒有，剩下最後五分鐘……」

■ 我只懂得太陽星座

阿秀聽老師談到處女座，也想請教老師有關星座的事。

陳老師笑嘻嘻地說：「星座我不懂，我只懂得太陽星座，我看的是《時報週刊》的『一週星事』，這樣講是代表我不懂的意思。」老師這麼坦白，大家聽了笑成一團。

「因爲我是O型射手座……」阿秀說。

「啊！我第二個女兒也是，看到妳，我就知道她的未來了。」笑聲中，春瑋站起來，向老師打手勢表示要先離開，老師點頭示意。

陳老師表示雖然不懂星座，可是阿秀要問什麼，他還是會回答。

「我疑惑的是我這個射手座，和書上講的，又像又不像的。」

陳老師笑著說：「這就是占星學美妙的地方，又像又不像的，所以它才可以風行很久呀！」

等大家笑完後，老師又說：「霧裡看花，很美啊！是看到霧還是看到花呢？都有，也都沒有，這正是占星學的魅力所在，所以妳的理解是對的。」

這兩天的工作坊，就在星座的趣談中劃上了句點。

愛裡的衝突，在生命轉彎的地方

陳建宇講述／吳文傑整理／吳舜雯定稿

如果知覺之門得以洗淨，
每件事都會顯示無限的本質。
由於人封閉了自己，
只能從自身洞穴的狹窄縫隙，
觀看所有事物。

——布萊克

愛裡的衝突

今天晚上，一名身材嬌小的女郎造訪中壢學舍。偏偏坤浩和春瑋這小倆口槓了起來，你來我往，絲毫不見往日恩愛之情。陳老師見暴風圈已經成形，就不打擾了，笑吟吟地看著，大家怕被颱風尾掃到，更是噤聲觀戰。

好不容易風歇雨停，可以上課了。大家偷偷睇著新朋友，看她有沒有被剛才的風暴嚇壞了。彷彿剛才的事情沒發生過，陳老師天真地問這位女郎：「妳怎麼找得到這個地方？」

丘胥一副老練的樣子：「美心打過電話來確認地址。」

女孩名叫美心，她笑著說：「我禮拜天來看過一次。」

「妳做事都這麼愼重嗎？」陳老師側著頭問道。

「也不是，我想先熟悉一下環境比較好。」

春瑋間接地促狹丘胥說：「美心來看場地的時候，有沒有感覺這裡烏雲籠罩？」

「我覺得這裡好像倉庫。」美心說完，大家笑倒。

丘胥趕緊告訴大家，過年後就會掛上招牌了。

陳老師問美心有沒有看過上課的實錄？

「丘先生有寄給我，我大概看了一下。」

陳老師點點頭：「我們這裡上課是就此時此地、當下當體引發的一些現象來討論，任何問題

也是在當下觀察、解決的。大多數人在事發當場並無法覺察很多，一旦錄音帶整理成實錄，才發現當時的各種互動都有它深刻的意義。包括衝突，也是我們課程的主題之一。今夜不是意外的演出，而是常有的狀態。」大家爆笑了一陣。美心則表示很害怕看見這種場面。

陳老師問美心：「妳有沒有什麼期望，或者想從這個課程得到什麼？」

美心搖搖頭。

陳老師覺得奇了，「那妳坐在這裡的動機是什麼？」

「我想放鬆，來聽看看。」

「放鬆？爲什麼？」

「我覺得情緒比較不穩，我不喜歡做不可愛的人，我覺得一個可愛的人，別人才會喜歡。」

「那會很累喔！妳做得順手嗎？可愛的人？」

「目前還沒有做到，所以才來這裡聽課。」美心有些害羞。

「那麼我講快一點，希望妳不要嚇到，」陳老師胸有成竹地說：「有時我不教人當個可愛的人，我不會想當然耳的教人往善的、正面的方向走。生命的河流若有一些負面的淤積，是需要把它挖出來、清出來，然後才能順流而下的。我們內在的本質才會流暢地顯現出來。」

美心展露笑顏，「那麼，我會很期待！」

陳老師也笑了，「這樣才會眞實的放鬆。剛剛看見春瑋和坤浩的衝突，我想到一個問題——愛裡面爲什麼會有衝突？有沒有一種沒有衝突的愛？可能嗎？大部分的兩性關係，不外乎一方強勢，一方弱勢，很少兩人同時反應那麼迅速，棋逢對手切入對自己有利的立場。現在我們來討論，爲什麼愛裡面會有衝突？」

為什麼不承認關係已經破裂了？

獅子座、事業心強的春瑋，不談自己的感情，倒說起職場的人際關係來：

「我現在待的是家小公司，拍電視廣告，雖然標榜整合行銷，可是並沒有一個完整promote的個案，都是單點切入的。今年度，終於有機會走向更大的舞台，一時小康之家看不出來的問題，都翻絞出來了。

上禮拜，我們簽了八年來第一個年度合約，大家都很雀躍，我們就像井底之蛙，撿到一個果實，就開始奮力往上跳。今天去人家公司做提案報告時，才發現原來別人這麼大，我們只是一點點。從積極的角度看，還有很大的努力空間，就現實面來講，我們太過自我膨脹了。

我們公司有六個原始股東，彼此標榜革命情感，相挺到底。事實不然，我發現一種弔詭、幽微的情結呼之欲出。我的經理也承認，革命情感已經破裂了，只是檯面上要粉飾得漂亮一點。

我就問經理：『你們爲什麼不承認關係已經破裂了？也許從中會找出一條出路來？』

他很驚訝，『妳瘋了！這個事情怎麼可以在檯面上講？』

我覺得這些呼應了老師今天的問題——標榜爲了理想一起革命的人，在行進過程中，一定不能有爭執嗎？有衝突一定不好嗎？一旦情感破裂，一定不能承認，否則就會傷害到什麼嗎？不承

認關係破裂，是預設了結果，因爲恐懼，所以不要承認。其實，講開了更開闊也說不定，但他們就拘泥在那裡。」

「嗯，」陳老師好整以暇地說，「那妳可不可以從這邊引申到兩性關係？本來有共識要找到一個幸福的坦途，中間卻出現波折，有沒有這種隱憂呢？」

春瑋覺得這不是隱憂，而是一定會發生的，「記得老師講過，假如有一天我的他愛上了別人，就像現在他愛上我一樣……這種感覺我不會形容。當老師講出這個可能、眞相時，我心裡有很深的認同，雖然口頭上不承認。我覺得愛裡面會有衝突，聽起來好像黑與白，事實上是同一個也說不定。有愛就會有衝突，一方存在，跟著也會發現另一方。如果一直是白天，那會很可怕，叫永晝，一直是黑夜也很可怕，那叫永夜。爲什麼日夜要交替？這樣萬物才會滋長，四季才有變化。」

陳老師問春瑋：「如果妳是公司的股東之一，妳會想去面對衝突，謀求轉變的契機嗎？」

「我會這樣做。」春瑋篤定地說，「我不知道是不是受了這個課程的影響？我變得比較冷靜了，也有不同以往的眼界。像今天開會的時候，邱總一進辦公室，就對拍攝CF的團隊說：『你們表現得很好！但爲何沒有人和演員溝通拍下雨的場景？這非常糟糕！』

製片就私下對我的經理抱怨：『早就通知演員了，也沒耽誤導演的行程，這麼說實在不公平！爲什麼邱總寧可聽信外人，不信任自己的員工？在沒有參與的情況下，隨便丟出一句話，打擊員工士氣呢？』

我當時聽了，就覺得這是爲了表達他是『邱總』。每個人都喊他邱總，他就要看見別人看不到的地方，好來彰顯總經理的領導氣勢。」

只有當下現成的觀察，頭腦裡沒有最終的答案

「妳有沒有發現，」陳老師問春琿，「往往我們努力表達的是一個形象，在生命的現場，很少實質去了解事情？還有，我們總以爲事情是靜態的，可以一樁一樁掌握，萬一事情是動態的呢？怎麼可能如我所願的去掌控，都不會出岔呢？」

老師進而談到沒有一件事情的因果關係不是動態的：

「我們的頭腦遮蓋太多事實，甚至把事情概念化、靜態化，以爲可以掌握它們。包括人本身也是一個動力系統，人有情緒、有感覺，吹一陣風要扣扣子，天氣熱又要解開，這一切都是動態的，怎麼有人會認爲錯誤不該發生，或者要掩飾錯誤，讓是非更加不明呢？能看到這點，佛法所謂的緣生緣滅，你就不再是線性思考，身心才會放鬆下來。這是動力系統所產生的解脫效應，那時的互動才是平衡、敏銳的，而非緊張、抗爭的。

我同意春琿講的，愛與衝突不是對立，它們像白天與黑夜。我們要更深入的不是對錯，而是要知道眞相爲何？我們連和自己都有衝突，有時愛自己，有時批判自己，甚至繞遠路，希望別人來喜歡我們。即使你努力配合，別人還算接受你，那你和自己的關係呢？你希望自己永遠可愛，還是寧願自己是眞實的？這個主題探索得清楚，你們的身心就會更健康，搞不好多活個十年。」

聽到這裡，麻麻也說：「社會的教育塑造了另一個我，這和原本的我很容易產生衝突。」

陳老師接著說：「此外，我們的生命有一部分來自父親，一部分來自於母親，怎麼會沒有衝突？二分來說，父親常扮演外在、權威的部分；母親代表的是感性、內在的部分。仔細觀察，就會發現我們很多的好惡和感受都不是自己的。

三、四○年代的男人，在拼經濟的壓力下，比較苦幹、實幹，容易用咆哮、憤怒來掩飾脆弱和控制局面。我結婚以後，發現自己也沒有耐心聽兒子講話，雖然我已經讀更多的書了。我兒子就說：『你幹嘛對我叫！我又沒做錯什麼！考差了又怎麼樣？』天啊！我這裡就有他祖父的影子，幸虧他是這個時代的小孩，在不變當中還是有變化的。

我們要知道自己的反應是來自哪裡，搞不好是別人，也就是社會的要求，而我們把它內化了。如果我們夠聰明，還應付得來人生，當然更不會去反省這一點，只一味相信自己內化來的好惡就是標準，很多事自然容易產生常見的衝突。

如果你愛這個人，要知道他有很多部分不一定是他個人的；就像我們有很多部分也不是自己的。這種觀察、諒解出現了，愛裡面的衝突就會減少。因爲我們正本清源，知道自己的好惡是怎麼來的，當下能夠放鬆，不再執著，關係中才會出現和諧與流動的品質。那時若有衝突也不是什麼問題了，反而是一種眞實的揭示與熱切的接觸。」

陳老師講完這段話，忽然嚴肅地說：「任何老師，如果他睿智的話，就知道不可能給出標準答案。所有的老師只能教一件事情——觀察；頭腦裡沒有最終的答案，永遠只有當下現成的觀

察。當下、當體，只是觀察。千萬不要有任何預設或結論，否則就會失去熱情的觀察，取而代之的會是重複的試算，或者無趣的投機。

注意去看，你會發現你裡面有父親的、母親的、別人的、童年經驗的、自我期望的……，還有與生俱來的烙痕，你會讓自己這部車子機機拐拐（台語），因爲吃進不同的汽油，有95、98、有鉛、無鉛……，去看看這部車子的動力系統是什麼？車子要去哪裡？這個工作、這個關係要走到哪裡？這種覺察是一個老師唯一能教的。永遠在未知裡面探索，然後爲自己負起行動的責任，因爲你不能期待別人把生命的眞相都揭示給你。」

在一切現象中，發現佛，也就發現你自己

陳老師把發言的棒子交給下一個人：「我們的船長，丘胥，你來說說人爲什麼和自己會有衝

突？」

丘胥閃躲著：「剛才麻麻還有老師，已經把我知道的講完了。」

陳老師幽默地向下挖掘：「那就講講你不知道的。」

丘胥佯作不知，「我不知道的，還是不知道呀！」

老師看著丘胥，「探索，不是講已經知道的，那叫引經據典，叫『套』。所謂探索，是進入未知，在當下進入一種探究。這時不一定要構思什麼邏輯或概念，這時你就是個動力系統，是動態的，正在思索當中，那個脈絡不一定得有條理，可能是零碎的，可能是靈感，無法稱謂的，那才叫探索。所以不要沒話講就覺得自卑，這時你又和自己處不好了。當你希望自己表現得很好，衝突也就來了。看見當下的呈現，才叫覺察。」

雖然老師沒有看城光，大家都知道城光又陷入聽不懂、緊張焦慮的窘態，後面這段話是提點他的。

丘胥想了一會兒，說道：「我現在能夠搜尋到的，是和前女友莉雅的關係。莉雅總是放出很多煙霧，我不清楚煙霧裡面是什麼？這時我們的衝突就來了。從小我是老大，養成我要求完美的個性，會想一步一步掌控所有的事情。就像剛剛講的，任何人、事、物都是一個動力系統，下一步會出現什麼都是未知，哪有可能掌控？而我這種掌控的個性，應該是來自媽媽。」

「爲什麼不是爸爸？」陳老師問。

「因爲在家裡，媽媽很強勢，爸爸比較溫和。」

「牝雞司晨？」有人說。

「依你的觀察，爲什麼爸爸比較溫和？瞧，我們已經開始探索了喔！」

丘胥認爲父親的弱勢是因爲個性溫和，「從小到大，我的脆弱敏感、對事物的美感或對運動的喜愛，全來自爸爸的影響。」

陳老師推測：「所以，媽媽相對地代表一個比較粗糙的層面？」

「我覺得爸爸像微風，媽媽則是一陣暴雨，比較強烈。」

陳老師笑道：「在那個時代，你爸爸這種男人還眞稀少。在我的童年記憶裡，男人都是咆哮的。」

「在我的印象中，父親從沒有罵過孩子，甚至我們犯錯，他也只是抱怨，更不用說打我們了。」

陳老師又問：「你生命中，父母的成分哪一個比較多？」

「爸爸。」

「你有兄弟嗎？」

「有，我弟弟的脾氣也比較偏向爸爸……哎！奇怪，我現在才發現，怎麼爸爸的影響比較大？」

陳老師語不辨眞假地說：「滴水方能穿石。」

老師也談到他的母親：「像我媽就比較嘮叨，會表達自己。她把我爸爸形容成一個情緒的劊子手，而她是被害者。成年以後，我從觀察發現，她的感受並不一定公正，雖然在這段婚姻裡面，她受很多苦。這樣的觀察不是要找出是非對錯，而是要了解自己。

從生命之流溯源而上，才會發現我們對事物的好惡、判斷，原來有其動態、緣起的過程。漸漸地，你會發現『自我』無法那麼穩固了，原來那也是一個緣起的構成，不是實體或本來就有的。

一切都是緣起，這是佛法最根本的部分。宇宙中沒有一個人、一件事、一個東西不是緣起的，對不對？好好觀察緣起的法則、生死的眞相，哪一個是我？有不變的我嗎？透過自我觀察，發現生命的緣起是怎麼回事？進而解脫，脫落身心的束縛。脫落也是個概念而已。最後，你將能接受死亡的事實，怎麼來就怎麼去嘛！如其所來，如其所去，三千大千，空空如也。不然緣起法怎麼能讓人解脫呢？爲什麼佛陀說『見緣起即見佛』呢？看到這些現象就等於看到我，我的教誨只是這樣而已。見緣起即見佛啊！你在一切的現象中發現這個事實，就發現佛，也就發現你自己了。」

人在什麼狀況底下，才不會是可有可無？

這時Rose臉色慘白，按著肚子，原來她有輕度的胃潰瘍，今晚因爲來不及吃飯，空腹趕來上課，胃正隱隱作痛。同學們忙亂地要Rose躺下來，要她吃胃乳片……，阿薰請她先吃一個銅鑼燒，城光則跑出去買蘇打餅。

課堂的討論繼續著，丘胥談到，近來才意識到要承擔中壢學舍的運作，「我開始盤算著哪些事情必須處理……」

陳老師拍著手：「你有前途了！」

丘胥看了老師一眼，接著說：「然後……我又想掌控了，這種心態又來了；可是不掌控不行，總不能盲目運作啊！我觀察到自己對別人交託的事情並沒有意願，常常對方遊說或半強迫我，就在可有可無之下答應了。這算不算是我的不清楚與無明呢？這些都是我上了這個課程之後，才慢慢有能力去觀察到的。」

陳老師對丘胥說：「你知道在什麼狀況底下，人才不會是可有可無的嗎？」

丘胥想了一會兒，「該弄清楚我要什麼，或者說……」

老師卻表示，這不只是弄清楚什麼的問題，我們有可能一輩子都弄不清楚自己。

「我們可以一下要這個，一下不要那個，『我』其實是狗咬尾巴團團轉的一生。如果凡事只看符不符合這個我的這一下那一下，請問怎麼會有清楚的一天呢？怎麼會有更大的意願來促成改

變呢？因爲一切都在動力系統裡面，你什麼時候才覺得你是清楚的呢？美心，妳有什麼話要講嗎？」

美心小聲地說，她想先當個聽眾。

春肆煞有介事：「在我們這個團體，一定要講話！」

陳老師笑嘻嘻地說：「人少的話，每個人就有講話的義務。麻麻，你覺得如何？人在什麼狀況底下是清楚的？不是可有可無，敷衍了事？」

「大腦和身體也有衝突啊！」麻麻加入討論。

「我聽不懂？能不能講具體一點？」陳老師晃晃頭。

「好不容易待在家裡，想好好休息，又想看電視。」

「你是說身體很累卻睡不著，就打開電視，看到睡著了，電視還響著。嗯，這是現代人的文明病。」

「大腦是二十四小時不停運轉，即使睡覺還在運作，不像身體需要休息。」麻麻說。

春肆大驚小怪地說：「那發呆算不算大腦在休息呢？我愈來愈會發呆怎麼辦？尤其會突然失神。」

麻麻認爲發呆有很多種：「有一種是發呆之後會覺得很舒服，思想也更清楚；一種是身體不健康的發呆。」

春肆白了麻麻一眼：「我怎麼覺得這個說法好像影射什麼？」立即引爆一陣笑聲。

「咦，我怎麼聽不出來？」陳老師故意搔著頭，「麻麻的意思是什麼？指靜心、No-Mind嗎？靜心也是發呆的一種嗎？還是什麼？」

老師是讓你意識很high的糖果

討論的方向不知不覺岔開了，丘胥請大家回到他的主題——可有可無。

陳老師點點頭，「人在什麼狀況底下會有清明的意識，不是被外在或內在的因循所支配，可有可無？或是被別人賴上，不得不承擔？」

丘胥謹慎地說：「突然間，很強烈地意識到沒有個自己的時候，它只是一剎那或很短的時間。每當我聽老師講課，講到精彩的地方，我就跟著衝到九霄雲外，意識被拉高了，不知道身在何處？也不知道我是什麼？那時候就不會有這些分別、衝突了。」

「那時候還能做事嗎？」陳老師問。

「可以啊！」丘胥說。

「就沒有這些可有可無的情形了？」

坤浩嘲諷地說：「私下談到這個狀況時，丘胥看起來就像個剛拿到糖果的小孩，急著告訴別人這個糖多好吃。」

「我承認，這時候是有點炫耀自己的成分。」

坤浩不以爲然，「那個糖果你覺得好吃，別人不見得覺得呀！」

丘胥形容自己在這段期間很high，「我甚至大膽地向Rose提出邀約，到年底以前，我們倆就當做情侶，試著交往看看。」

陳老師順著這個理路推論：「那麼，是否要在沒有個自我的狀態中，才不會覺得被賴上了，凡事可有可無的？」

「不會被賴上？我那時想不到這些。」丘胥說。

「是不是在那種狀態底下去做的事，才不會有什麼停頓或疑慮？人在什麼狀況底下，才不是可有可無，不是被責任、義務逼著去做的呢？城光，你說呢？」

「知道自己要做什麼！雖然利益得失也會去看，但不會爲了得失就不去做。」

聽完城光的敘述，陳老師一副無法置信的表情：「按照一般人的情況，這怎麼可能辦到？」

城光恭敬地說：「在我的生命中，我發現有可能。雖然過程中，我也知道有利弊得失，但我可以選擇不去介意。」

陳老師問丘胥：「他和你做的是同一件事，都在負責一個學舍的運作，你聽得懂他到底在講什麼嗎？」

「我聽不懂？」丘胥似乎有些心不在焉。

「城光講得很有把握，你該問問他。」陳老師催促丘胥請教城光。

「我剛剛失神了，不知道城光在講什麼？」

這時坤浩跳出來，以義務和目的性來作釐清：「剛剛城光跑出去買蘇打餅，他對Rose的付出是無條件的。經營學舍，是爲了將來成爲一位老師，這就有目的了。若是爲了責任感而付出，則是義務，這是有差別的。」

聽到坤浩這麼講，城光自忖這兩個部分他都有，「遇到取捨的時機，按照人性，我也會反彈，只是看破了人性的兩邊，反彈就消失了，也就是不必在兩邊擺盪。」

「你這樣做，就是心甘情願了。」坤浩說。

陳老師饒富興味地望著丘胥：「我發現一個現象，凡是城光說的，你很少去注意聆聽。雖然他不太會表達，可是裡面是有東西的，你好像不願意去討論？」

丘胥爲自己辯解：「我以前會覺得他不是那麼進入狀況，而且他算是前輩，他講的話我就比較少回應。剛剛我是腦子亂七八糟轉，晃神了，我又不是故意的。」

「你被『人在什麼狀況底下，才不會是可有可無』這個問題給左右了嗎？」

「我在思索。」丘胥說。

■ 衝突是一個對彼此真實的機會

陳老師看著大家，「爲什麼我要提到這一點？像坤浩，他知道他要什麼，也知道怎麼要，在什麼時候要。而你好像有人賴上了也可以接受，所以事情的責任就不能算在你身上。你又以爲在行動之前想多了就會清楚。你這個狀態很曖昧，像這個就值得觀察。別人講什麼沒那麼重要，重要的是我爲何這個樣子？爲什麼事情是這個樣子？這個『我』要上下括弧。我不是很愛他嗎？可

是他在某個地方冒犯到我，我就跳起來，那個被冒犯的是什麼？我們不是在討論對錯，請各位深入這一點。」

「美心，要不要講講話？妳是怎麼來的？」老師把注意力轉向另一個人，好讓丘胥有機會反芻剛才的談話。

「開車來的。」

「美心，你是不是學會計的？」坤浩沒頭沒腦冒出這句話。

「對！」

春瑋立刻跳腳：「我就是很討厭這一點！坤浩有敏銳的觀察力，在生活中他就會依著他的敏銳來攻城掠地！」

沒想到春瑋對坤浩的「神準」也有意見，陳老師笑著說：「這代表他不怕沒工作，至少能鐵口直斷啊！這是妳生活的保障，應該高興才對！」

阿薰也表達她對「處女座」的看法：「對這種人，如果能動之以情，之後的溝通就順暢了。先動之以理，他會覺得不受尊重，先情後理，體貼他的感性面，也就是龜毛的地方。」

坤浩藉機抗議春瑋有雙重標準：「剛剛丘胥覺察到自己的狀況，他講出來了，春瑋就給他拍拍手……」春瑋立刻洋洋得意作拍手狀。

「換做是我，就不一樣！」

「如果是你，就怎麼樣？」陳老師很好奇。

「我開口的當下，她就罵了！」坤浩憤憤不平地說。

「那不公平喔！」陳老師頗爲同情。

「什麼愛之深責之切，我不信！」坤浩咬牙切齒。

擔心風暴再起，阿薰開始救火，「其實，春肆對任何人的轉變都會喝采。」

陳老師質疑，會不會對親密情人就只覺得：「哼！他怎麼這副德行？」

「不會、不會，」阿薰急著說：「好幾次坤浩鬆動的時候，春肆都深深地讚嘆。」

陳老師笑道：「春肆是火象獅子座的，不喜歡坤浩老是炒冷飯，希望他有新花樣。」

阿薰說：「坤浩對事情的判斷、感觸都很有深度，可是相較於春肆，速度慢了一點。」

「是啊，我比她慢。」

阿薰沒意會到坤浩酸溜溜的反應，繼續說：「因爲你們速度不一樣，看事情的角度也不一樣，有些時候銜接不上，就會以爲對方在反對自己，其實不是。」

坤浩趁勢把這番話往死巷裡推：「唉！速度不對、節奏不對嘛！節奏不對就沒辦法長久，我早就看到這一點了！」

「好可怕的一句話喔！我早就看到這一點了！」陳老師模仿坤浩的誇張。

「我早就看到了，我一直向她說明，她就是沒發覺啊！」坤浩兀自鑽著牛角尖，果然很處女座。

「速度不一樣沒什麼了不起啊，不算什麼！」春肆覺得不一樣是正常的，一樣才有問題。

阿薰趕緊澄清：「我說的速度不同不代表不適合。事實上，你們有不少地方很契合，像春瑋看到坤浩的深度時，她心裡是佩服的。」

坤浩依然故我，「她不是佩服，是害怕吧！她一直想去談個小戀愛，可惜又不敢……」眾人發出「喔…喔…」的聲音，「等我也想談個小戀愛的時候，她就慘了！」

春瑋故作驚訝：「喔！這倒是眞的，獅子都很笨的！」

坤浩又強調，或者說是「轉進」地說：「可是，我需要這樣嗎？我不需要！」

陳老師打趣說：「春瑋和麻麻談個小戀愛吧，麻麻的節奏才眞的慢喔！」

麻麻瞪了老師一眼，大約想著：「關我什麼事，幹嘛掃到我這邊？我一句話都沒說耶！」

老是幫倒忙的阿薰還不死心，「拿一個比方來說，處女座喜歡吃甜的，在感情上也是。在一個小地方妳寵著他，他在大局上絕對順著妳。」

春瑋大表同意，卻不領會阿薰緩頰的美意，「這個我絕對相信，對待處女座要秉持一種槓桿原理，只要把那個支點找到，就可以用很小的力量去撥動他，可是我偏——不——要——！」

這時陳老師虛張聲勢地幫腔：「我是獅子，獅子！不是老鼠耶！」

春瑋警告老師：「喂！你不要陷我於不義，故意誇大這個部分。」

「就因爲你是獅子，你去寵他一下，不是更偉大嗎？」阿薰說。

陳老師忍不住笑出來：「嘻嘻，妳教獅子去寵一隻……」

坤浩打斷老師：「沒關係，我早就看出來，每個人都有臨界點嘛！」

於是陳老師對春瑋說：「唉！明知道妳的幸福掌握在他手上，爲什麼不寵他一下，寵妳的幸福呀！」

坤浩繼續大唱風涼調：「是，她要創新，要生活多一些色彩，不過，她得看到她想改變什麼，要看出差異啊！她太會幻想了，實在很煩！」

見兩人互相扭著鑽牛角尖，陳老師把注意力轉到其他人身上：「哎呀！城光，你不要一直吃嘛！還有Rose，人家夫妻都要鬧離婚了，妳還在玩那隻貓！」老師指的是丘胥的寵物豹咪。

Rose表示笑到肚子痛，「我覺得他們吵的話題很好笑！」

阿薰靈機一動，換個說法：「愛裡面怎麼會有衝突？就因爲有愛，才會有衝突，沒有什麼比衝突更能讓彼此貼近的；反而關係好的時候，兩人存在一種平行的和諧，渴望接觸的動力就消失了。」

陳老師故意戳破阿薰：「嗯，妳在安慰他們嗎？」

「不是！衝突正是一個機會，讓彼此坦露眞實的心情。」

「衝突是對彼此眞實的一個機會？可是他們都不接受啊！他們只管吵著自己要的部分！」陳老師雙手一攤。

不要老演這個戲碼，醒過來啦！

坤浩提到來上課的途中，兩人就不對勁了，「下車時，她撂下一句話，把車門重重一扣就走

了。我在車上愣了一會兒，擔心進來一定會吵架……」

春瑋不可置信：「剛才的情況，你怎麼會這樣解讀呢？好，我們重回現場。我知道下車時，說話大聲了一點，可是用一點力關門，是要確保車門關好了。完全不是你講的那回事，否則我不會一副沒事的樣子。」

坤浩擠眉弄眼：「這不就印證了我在車上講的，『惡人沒膽』嘛！」

陳老師笑倒了，「這堂課如果整理出來，一定很好笑！」

阿薰也投降，「我忽然有個感覺，這是他們最佳的相處方式。如果太正常了，他們會很無聊。」

「我第一次見到坤浩，」丘胥也笑著說，「他就向我抱怨春瑋有問題，然後說他想分手，一直講到今天……」大家捧著肚子大笑不已。

「一開始，我很擔心他們兩個怎麼辦？關係會不會就撕裂了？結果到後來我也麻痺了。」

陳老師點著頭，「這是他們需要的，愛裡面要有衝突存在。而且，他們還真的不容易找到對手，他們準備吵一輩子。」

阿薰也附和：「有一種人的內在潛質是屬於『戰士型』的，需要有個目標去對抗，才會覺得自己活著有力量、有方向。」

「不要老演這個戲碼，醒過來啦！」陳老師嚷著。

「如果你們聯合起來和我們對打，一定很精彩！」阿薰提議。

陳老師抱怨：「你們那麼熱情有勁，我們好無聊喔！」

阿薰同意：「哎，你們總是互扯後腿，力量都分散掉了！」

陳老師玩心大起：「我們就變成一邊一國好了！」

阿薰接著說：「那你們的力量就找到攻擊目標了！」

春瑋挑起一邊的眉毛，冷冷地警告一搭一唱的兩人：「喂！別玩火喔！」

Rose 提及春瑋那個關門的動作：「當人比較興奮時，動作就不自覺大了點，絕不是要甩給你看的。」

「這不是關鍵，」坤浩鄭重地說，準備藉題發揮，「我不見得喜歡做過大事的人，我寧可喜歡做十件小事的人。知道嗎？我要講大聲一點，大家才聽得到。」

坤浩以單手圈在嘴邊，「我非常佩服 Yoyo，當她知道貓咪對胎兒不好，她便願意割愛，可是她——不——會。」坤浩指著春瑋，單手誇張地搖晃著。

坤浩渴望有下一代，而春瑋的體質不易受孕，這件事令兩人耿耿於懷。春瑋飼養了一隻波斯貓，儘管不怎麼喜歡動物，抱怨歸抱怨，坤浩仍然包辦了貓咪的飲食照料。

「尤其在春天，貓狗換毛的季節，會導致小孩子呼吸道阻塞。Yoyo 才國中畢業，爲什麼她可以割捨，可以看到這一點？」

坤浩算起舊帳：「那貓的來歷，是春瑋的前男友當兵時買的，承擔是在後來，是我啊！我處女座的，不喜歡養動物的，主要是不能抗拒那種髒呀！」

陳老師想起自己也不喜歡觸摸動物，頻頻點頭：「嗯，處女座是有點潔癖的。」

「今天因爲我和她在一起，所以我要接受啊！你們說，是誰肚量大？是誰比較開闊？」

衆人笑道：「當然是你囉！」

「我現在來到一個臨界點，春瑋看不到，讓我覺得很疲累。」

「你覺得不被了解。」老師體貼地說。

這時Rose不知從哪兒拿出一束玫瑰花，交給春瑋。

春津嬌柔地偎向坤浩，把花送過去，嗲聲說：「親愛的……」

急轉直下的劇情，讓男主角沒法再照本宣科了。

大夥兒一陣騷動，老師喊著：「照相！照相！」

城光取出相機，催促兩人「靠近一點！」「親密一點！」

一波既平，陳老師又慫恿Rose和丘胥合照。原來這束玫瑰花是丘胥向Ros索取好久才得到的，意思是女人也可以送花給男性啊！Rose刻意把花分送給在場的每一個人，剩下的才拿給丘胥。

在生命轉彎的地方

老師把大家趕回座位，「好啦！丘胥已經贏得美人歸。我們繼續討論這個問題：人在什麼狀況底下，才不會是可有可無？」

「人在什麼狀況底下……」丘胥連問題都忘了，「才不會是可有可無的……我不知道？」

城光說：「我是由人性的運作，看到自己常在得失之間輪迴，得到了高興一下，失去了又想去追，這樣一直跑跑跑，有一天你會發現，好累喔！」

「城光的回答有打中我……」丘胥覺得現在才有點兒起來了。春瑋調皮地把手舉到頭上，做烏鴉飛過狀。

老師問丘胥：「你要不要講講看？」

「可有可無看起來好像沒有揀擇，其實裡面還是有好惡，只是自己沒看見或不願承認，寧可逃避，而不看清楚，也就不必做決定了。我聽到城光講的，到後來就接上了，謝謝！」

春瑋建議丘胥去擁抱城光。由於城光並非本名，是最近才叫的名字，春瑋便問名字的由來。

「師父幫我取的。」陳老師的學生中，只有城光與肯稱呼陳老師爲「師父」。

「這是開光點眼嗎？」春瑋俏皮地問。

原來城光請老師幫他取個名字，老師想了半天，直到看見《新約》裡的兩句話：「城造在山上是不能隱藏的，光也當這樣照到世人的眼前」。

「我知道城光對人生有一種使命感，雖然他不擅於表達，可是他一直很努力。他也想像神的光那樣，照在世人眼前，這是他對生命的期許，所以他的態度就不是可有可無。我老說他在挑戰不可能的任務，但是他有這個意願，我就會尊重、接引他，如果我還有一點這種能力的話。

當一個人對自己都可有可無，人生是走不出道路來的。他的生命是拖在地上走的，怎麼可能成爲神的使者，變成博愛世人的大丈夫呢？不會的，修行人絕對不會逃避人生，反而會迎向艱辛的挑戰。眞正的理性是面對生命的各種現象，穿透和認識，不至於在感性的狀態裡可有可無。丘胥要當學舍住持，或者人生想要轉型和面對，就不能是可有可無的感性狀態，好像一時間答應了別人、一時間又覺得做這個幹嘛？只有理性會帶來行動，感性則帶來可有可無，或許做或許不做，看看外在環境啊！看看別人對你的眼光啊！那人生當然是可有可無、忽進忽退的。」

丘胥說：「對某些未知的情況，不知道怎麼處理時，我的習性是退縮，停在那裡不動。」

阿薰補上一句：「不只退縮，你還會抗拒。」

「抗拒是因爲害怕，包括別人稱讚我的時候，我自己都不以爲然。成立中壢學舍這件事，我沒意識到自己跨過什麼，因此，我又回到可有可無的心情。你們覺得我有進展，我一點都不覺得。」

聽到丘胥這番畏首畏尾的話，陳老師轉問常嚷著備感壓力的阿薰：「你們兩個的不同在哪裡？」

「我比較不怕不清楚的狀況，雖然遇到麻煩時也會抱怨。」

丘胥認爲：「這可能和個性有關係，我就不太願意碰觸，以免造成未知的傷害。」

「你把未知等同於可能的傷害，你對未知是這個意象。」陳老師說。

「對啊！」

老師又問阿薰：「那妳對未知的意象是什麼？」

「對我而言，未知像是相應於整個情況，所產生的一種莫名的觸動。我個人的感覺或認知只是其中一部分，甚至是一個陰影而已。只要不把焦點放在熟不熟悉、清不清楚，自然會引發一種內外相應、沒有顧慮的行動。只有想去控制情況時，才會顧慮清不清楚的問題。」

陳老師點點頭：「阿薰的未知等同於照見、觸動、發現。」

丘胥解釋：「我的狀況是我看不到、害怕、退縮。」

「你有看到！只是你定焦在恐懼、在已知的顧慮上。」阿薰說。

「對！對！」丘胥點頭。

陳老師打趣地說：「看起來阿薰比較耀眼，丘胥比較灰暗。」

丘胥苦笑：「可以這樣說啦！」

坤浩也加進來：「阿薰比較完整。」

只許州官放火，不許百姓點燈的陳老師立刻說：「哎！你這樣說會讓人討厭喔！雖然你講的是眞話。好不容易Rose才愛上他，你又說他不完整，那Rose和他怎麼會好？」

老師說完又瞄了Rose一眼。

坤浩趕緊補上一句：「趨向完整的丘胥！」

「哈，這句話就對了！」

丘胥嗤之以鼻：「處女座的就是這麼囉唆！」

陳老師問大家還有沒有話要說？

「今晚的討論很精彩，雖然跳來跳去，不過是動態的喔！另外，我要拜託你們多多支持丘胥，讓他眞能銜接上這個轉型期，若是他一直可有可無，害怕未知，認爲未知等於傷害，天啊！他什麼時候才轉得過去？他正走在生命轉彎的地方，無論如何，請多支持他一下，讓他轉過去，他的人生就不一樣了。」

下課後，一些學員留下來泡茶，續攤。陳老師趕著回台北，丘胥送至門口，夜色中，他頻頻揮手的身影逐漸模糊。

瞧！這些人，這些事

——父母衝突療法與棒喝之夜

陳建宇講述／張正文整理／吳舜雯定稿

我們凡夫在事情現起時就攀附。
我們不會對表面現象提出疑問；
我們即刻追逐並攀附於它的現起。
了解並且領悟到事情是依存的，
是透過因緣匯聚而形成，
這就是對現象究竟本性和空性的領悟。
——十四世達賴喇嘛

一、父母衝突療法

只要夢持續下去，就是真實的。
人生不也是如此嗎？
——埃利斯

■丹丹小試身手

今天的課程有點不同，因為老師請學過光灸的丹丹，幫丘胥做「父母衝突療法」，並且讓所有的學員都在場觀摩。

大家七手八腳準備好床墊和毯子，放在教室的中間，我們圍著丹丹和丘胥，現場洋溢著一股好奇的興奮。

等到丘胥躺在床墊上，蓋著毯子，丹丹先請丘胥做幾個深呼吸，放鬆下來。

「想像母親站在面前，感覺她帶給你的身體什麼樣的影響？不是頭腦的反應，而是身體的感覺。」

丘胥閉上眼睛，過了一會兒，彷彿真的看見母親了，他說：「我有點想伸手去拉她……」

「能不能再深入一點？你想伸手拉她的感覺，是從身體哪個部位發出的？是從頭部，還是胸口發動的？」

「一開始是胸口。」

「那是什麼感覺？」

「我不會形容，是一種胸口癢癢的感覺。」

接著丹丹請丘胥想像父親站在面前。

「他給你什麼感覺？」

「他老得好厲害……」閉著眼睛的丘胥感嘆。

「只有眉毛沒有變。他看我的眼神……他一直用同情的眼光看我……」

丘胥的表情變了，有些不捨，也有種安詳、甜蜜。

「你感受到他的支持嗎？」

丘胥點點頭。

丹丹又問丘胥和父親的關係如何？

「我們肢體上的接觸很少。」

「那你們之間有什麼樣的交談嗎？」

「除了一般的對話外，幾乎沒有……」

「你對父親會感到疏遠嗎？」

「會。」

「你對這樣的狀況，有什麼感覺？」

「我覺得有點見外，他對我太客氣了。」

丹丹讓丘胥安靜地感覺這個片刻，然後進入下一個階段。

媽媽的情緒

這個階段一開始，丹丹就請丘胥想像自己變成母親。

「意思是你願意進入她的生命狀態，用她存在的角度來看世界嗎？你覺得你有辦法完全接納嗎？」

丘胥不語，不太理解的樣子。

「意思是用你媽媽的想法在想、用她的反應在反應、用她的情緒在感覺。」

丘胥懂了，「可以。」

「想像母親進到你裡面，」丹丹繼續引導，「你變成她了。你有沒有抗拒、不喜歡她哪個部分成爲你？」

「不安的部分。」丘胥的聲音有點乾，「因爲那個不安變成很大的情緒，常常造成家裡的風暴中心。」

「想像你就是你媽媽，就在那個不安裡面，感覺它。」

這時丘胥的氣息變得很淺，近乎沒有呼吸。

「深呼吸，不要停止。」丹丹提醒丘胥，「去接觸這個感覺，讓你的身體、生命去接觸這個感覺。隨著呼吸，你愈來愈像母親；你的容貌、情緒，隨著呼吸，愈來愈和她一致。」

丘胥的呼吸逐漸加深，一段時間之後，他激動地說：「這不是想像……」

「你很眞實地感覺到她，對不對？」

丘胥點頭。

「這種感覺從身體的哪裡開始呢？」

「胸部。」丘胥按著胸膛。

「有什麼樣的情緒嗎？」

「有點悶……覺得頭有壓力。」

「會痛嗎？」

「不會。」

丹丹請丘胥回顧這樣的情緒、感覺，在他的生命裡出現的頻率高不高？

丘胥說幾乎二十歲以前，他的心境都充斥著這種感覺。

「好，接下來做幾個深呼吸，把母親的影響放掉。」

爸爸的無奈

丹丹改變指令，「現在想像爸爸走向你，進到你的身體裡面。你成爲爸爸，用他的感覺、他的眼睛去看這個世界。」

丘胥靜默片刻。

「你感覺到什麼？」

丘胥表示父親的心境有一點無奈。

「你能感覺到爲什麼嗎？」

「因爲……像夾心餅……又覺得當夾心餅也不錯，樂得輕鬆，工作也很愉快。」

「你對太太的感覺如何？」

「我很愛我太太，可是她有很多情緒。」然後丘胥用自己的觀點說：「我爸和我媽媽處不來。」

「你感覺到父親有意願改變這個情況嗎？」

「沒有，他只想改變我。」

「他有成功嗎？」

「沒有。」

丹丹也請丘胥回顧他的生命中，這種感覺佔多大的部分？什麼時候出現？

「有時候，特別是和錢有關係的事。」

「與異性相處的時候呢？」

「沒有。」

「好，請做幾個深呼吸，把父親的感覺放掉。」

丘胥長長地深呼吸，釋放。

你比較願意走向誰？

「現在想像父母親都站在你面前，」丹丹的指令繼續著，「你比較願意走向誰？用你的感覺，不需要以道德來判斷。」

「父親。」

「你對父親的影響是欣然接受嗎？你是否比較喜歡他的生命情調？」

「大部分接受。雖然有些部分不滿意。」

「對於母親呢？」

「我抗拒她的情緒。我父親對生活、對學習都比較熱誠。」

「丘胥，我想要你去感覺，你比較希望脫離哪一邊的影響，好讓你成爲你自己？你覺得哪一個氛圍，是你現在比較願意離開的？」

「只能選擇一方嗎？」丘胥問。

「終究你要放掉兩方的影響，才能眞正成爲你自己。現在你想先離開誰的影響？」

「媽媽。因爲打從小時候，我幾乎是爲了迎合她的標準而活。」

「父親也有這樣的模式嗎？想迎合母親是源自於你的父親，還是你自己的決定？」

丘胥承認這一點父子倆很像。

「放鬆一下，感覺你自己。」

丘胥放鬆下來，安靜地躺著。

休息在獨處的天真裡

丹丹表示：「經過剛才的談話，我決定採用光灸的『父親療法』，等一下再解釋原因。」然後他拿起光灸筆，開始用綠色的光在丘胥的喉嚨上點畫，一邊詢問丘胥的感覺。

丘胥感覺腹部有一種壓力，有點脹。繼而左腳，接近腳踝的地方有一點痠，變熱，似乎從膝蓋向腳的方向移動。

療法告一段落後，丘胥說右腳踝也有一點發熱。

接下來，丹丹要丘胥先拱起雙腳，呈ㄍ字形，腳板踏在地上，腰背貼著地面，又拿走枕頭，讓頭平貼在床墊上，雙手攤開，指導丘胥用嘴大口大口呼吸，呼吸之間不要停頓，要聽得到呼吸的聲音。

丘胥按照指示開始呼吸了，丹丹不時提醒丘胥張開嘴巴呼吸。當丘胥的嘴巴不自覺縮小時，丹丹便用手指輕輕碰丘胥的嘴唇，提醒他打開。

「讓呼吸帶領你，放棄控制，讓呼吸接管，對！讓它作主，讓身體自己呼吸。」

果然，丘胥的身體自然起伏，不必費力，卻又深又長。他臉上的表情放鬆而專注，呼吸的韻律愈來愈深長。

丹丹提醒丘胥，如果身體想動就讓它動，好釋放更多情緒。

丘胥開始咳嗽，扭動身體，彷彿內在要湧出什麼，卻無法釋放。深長的呼吸仍然繼續。過了一會兒，他開始呻吟和咳嗽，喉嚨像被掐住一般。

「對！做得很好。」丹丹扣起手指，用指關節輕敲丘胥胸部。

丘胥開始全身顫抖，呻吟，並且長聲嘆氣。

丹丹繼續敲擊，丘胥終於放聲哭泣，好像受了很多的委屈。Yoyo和另一個學員跑去一旁看書，不太想參與的樣子。

過了一會兒，丘胥的哭泣平息，慢慢放鬆下來，表情柔和多了。他現在臉上泛著光采，安詳地躺著。

「放鬆，休息在自己獨處的天眞裡，那個從未受到污染的角落。」丹丹下達最後的指令。

真的很難聽！

療程結束，丹丹邀請學員給予丘胥支持，並且請春玨握著丘胥的手。

不料春玨竟說：「哭聲眞是難聽！」

「喂！這是什麼安慰啊？」丹丹難以置信地笑著。

「還算有劇情張力，」春玨理直氣壯地說，「先哭個兩聲，然後停不下來，嚎啕大哭。」

笑聲中，丘胥閉著眼睛躺著，和春玨輕聲交談起來，很放鬆的樣子。

陳老師又請丹丹爲伊正做同樣的療法，不過因爲時間有限，丹丹只指導伊正做「呼吸釋放技巧」。

一開始，伊正無法進入狀況，每當他呼吸到一個點就馬上變淺，然後退回原狀。

丹丹再度提醒伊正呼吸，並輕敲他的胸部，這時呼吸就變深。伊正的呼吸一直是吸氣較長，吐氣短促，這樣的狀況反覆出現。最後，丹丹請伊正放鬆下來，休息一會兒。

我們重新坐好，圍著老師討論剛才發生的事情。

陳老師問丹丹、丘胥和伊正：「你們願意讓大家知道剛才發生了什麼事嗎？」

丘胥說：「光灸治療時，有一陣子覺得腳踝麻麻的，然後擴展到膝蓋來，外側比內側強，向腳底出去。到後來整個腳熱熱的，竄來竄去。覺得肚子很脹，就在丹丹輕壓我肚子的時候。」

丹丹要丘胥讓呼吸帶著走，一開始丘胥只是配合去做，到後來呼吸就接手了，「我沒有控制，就喘得好用力喔！還發出聲音。再過來我開始想哭，就哭出來了，也不知道爲什麼，好像有什麼東西要湧出來。還有，我的手好麻喔！麻到像脹起來，腫腫的，甚至嘴巴也麻痺了，張不開，丹丹輕輕碰我嘴巴周圍，才好多了。那個麻的感覺，一直到結束了，現在我躺在這邊，還很強烈。現在覺得肌肉裡面是鬆的。還沒有做深呼吸之前，我發現講到我爸的時候，我會有情緒，想哭；講到母親雖然我的壓力比較大，反而沒有那個感覺。」

師者每事問

陳老師問丹丹，做這個「父親衝突療法」，他的選擇和設定是什麼？

丹丹表示，從交談當中，他感覺丘胥想代替父親承受一些東西，所以母親會把對父親的一些意見，丟到丘胥身上來。

「丘胥想去替補父親沒有面對的那一部分，所以他和父親的連結有一種悲傷無奈，而且生命的基調和父親滿一致的。我發現邀請父親進來時，丘胥毫無困難，邀請母親則需要一段時間，所以我選擇從『父親療法』開始，這是我的判斷。另外，我想請丘胥去探究，在這個過程中，是否感覺到受父親什麼部分的影響？在你父母的關係中，有沒有什麼缺憾是你想代替父親去補償的？這是我的感覺啦！就像家族系統排列，自動去補位。因爲你很愛父親，下意識想去父親的位置上幫他承擔。」

陳老師想知道，用綠光的光灸筆在丘胥喉嚨上點畫的目的是什麼？

「因爲父親是紅色，綠色是它的互補色。『父親療法』的重點是解除父親對你的影響，所以使用綠色光。一直到青少年時期，我們都需要父母做我們的樣版，成人之後，我們要面對社會，便要放掉父母對我們的影響，才能成爲自己，否則我們只是父母的影子。我們是否常發現，自己的反應和父母是一致的？像我，一回到家就不想動，和我爸爸很像；愛抱怨的部分就很像我媽。」

丹丹孩子氣地笑著。

「就我的觀察，通常父母與小孩同性別的一方，對孩子具有隱性的影響和控制，雖然感覺上他不見得那麼影響你，但是你們生命的基本情調和模式會很接近。通常是這樣，當然也有相反的。光灸之前，我與丘胥問答的那段對話，是先了解我們和父母的關係、以及父母在我們身上的影響。當然，要放掉父母的影響，我們會害怕，因爲不知道要成爲什麼？而父母的模式不管運作得好不好，是可以看到的，至少先你而存在，所以對我們來說是安全的。如果不放掉，我們會永遠是舊的，因爲活在父母的影子裡；問題是社會在變動，父母的模式是固定的，他無法有新的模式去對應新的挑戰。所以說覺察父母的影響並放掉它，是成爲自己的第一步。」

「你說紅色光代表父親、綠色光代表母親，爲什麼『父親療法』用綠光呢？」這是老師替丘胥問的。

「對，給一個相反的訊息去打開那個制約，所以要用相反的光，使他脫離父親的影響。這套療法父母親的部分都要做，不過先選一個來治療。先選擇父親是發覺丘胥的脖子卡得很緊，喉嚨代表父親。通常爸爸都是叫你不要講話，或是比較沉默的那一個，如果你發現常會講不出話，無法順暢的表達，這常是父親的影響。母親是肚臍，我們用臍帶和母親相連，我們對外界表達情緒的方式通常學自母親，而社交模式通常學自父親。我們肚臍和頸椎的反射區屬於母親；父親則是喉嚨和薦骨區域。如果頸後常感覺疼痛，那表示母親的影響，母親想抓著你，像母貓叼著小貓的脖子。生存的恐懼又和薦骨區相關，通常爸爸是要出去賺錢的，支持你，讓你感覺生命有依靠。若常感覺腰痠的話，這種生存的恐懼會是來自父親。」

陳老師又問：「你前面的引導，原來就包含在『父母衝突療法』裡面，還是你加上去的？」

「我加上去的，我覺得這樣會比較完整。」

「那呼吸呢？」

「也是我加進去的，因爲它可以引發一些釋放。光灸只做喉嚨區域的照射，還要配合克里安相片做能量的調整，有些步驟還得脫衣服，合計要一個多鐘頭。做完『父母療法』，再進入『靈性父母療法』，那就會更深，進入到累世父母的程式，處理前世或上上代的影響。整套做完之後，通常會覺得和父母相處比較容易，因為你已經不是在原來那個模式裡面轉。」

驚恐式的呼吸與人生

伊正描述自己的狀況：「剛開始我覺得頭很痛，呼吸的時候胸口很悶、很困難。」

丹丹問伊正：「那我敲你的時候，你覺得如何？」

「感覺很痛啊！」

「可是這樣你比較能夠呼吸呀！我一敲，你的氣就能進去啦！」

「你敲我右胸的時候，是比較舒暢，敲橫隔膜這塊時，就很痛。為什麼？」

丹丹沒有回答為什麼會痛，「在呼吸的過程中，你有沒有感覺哪個部分比較麻或痠？」

「我沒感覺到這個，只覺得頭很不舒服，呼吸困難。」

丹丹說：「我講一下我的觀察。你小時候有沒有被驚嚇過？比較強烈的。」

「就是小時候在地上爬，從二樓摔下來啊！我是聽說的啦！因為我沒有記憶。我剛好摔在鍋蓋上，鍋子裡面是熱水，還好沒碰到熱水。還有國小二年級出了一個車禍，住院一個學期。」

丹丹做出結論：「你的呼吸是屬於受到驚嚇的模式，沒辦法深呼吸，當你開始深呼吸，好像快要碰到什麼的時候，你的呼吸馬上就變淺了。」

伊正皺眉，「我沒感覺，我是照你的指令做。」

「通常做的人沒感覺，治療師才看得到。」

「你要我深呼吸，可是深呼吸會痛。」

丹丹對伊正說：「你在做呼吸釋放時，每當快要碰到什麼情緒、有東西要湧出來時，呼吸馬上變淺，就退回去了。呼吸的模式和我們生命的模式有相關，這會反映到你平時對人對事的模式，可能在感情上也會這樣，到了某個程度就會縮回來，因爲再往下恐懼會跑出來。也就是說，某些事情剛開始覺得可以，到了某個深度時，你會不自覺地退出來。

在感情上、工作上、學習上，都可能出現這種狀況。事情快要有一點苗頭的時候，不管它是好的壞的，你都會往後退，那個內在的緊張就把你往後拉。這個反應完了之後，你的頭腦就會找很多藉口，說這個不好、那個不好……怎樣怎樣的。我想建議伊正，當你覺得呼吸不下去了，要反其道而行，繼續呼吸，而且吸得更深，不能害怕那個東西跑出來。你還不知道那個是什麼，手就縮回來了。」

陳老師問丹丹有沒有益於孕婦和胎兒的療法？

「其實光灸是利用生物光子來傳遞訊息，直接進入細胞，也會直接進入胎兒。我可以幫Yoyo做一個深度的放鬆，對小孩子將來的神經系統會有正面的幫助。」

老師對Yoyo說：「妳還沒有參加過兩天的身心靈整合工作坊，希望妳這次能把『彩色點』交給另一個髮型設計師去處理，爲妳未來的小孩做一次療法，讓他更健康、更放鬆。趁他還在妳身體內，不然妳就管不到他了。那天我也會請晶敏過來，爲大家做精油按摩。」

陳老師建議下一次的工作坊，專門來處裡父母親衝突的問題。包括受了驚嚇的伊正無法深呼吸等等，都等下次再處理。

二、棒喝之夜

一個人能提供給別人的，
不多不少，
就是他自己的生命。
——蘭姆．達斯

我哪有？

「父母衝突療法」結束後，陳老師開始抱怨學員們老是遲到。

「我總覺得你們的學習意願不是很強，每次都遲到，這對老師是很不尊重的。縱然我有很多東西想教你們，都不知道要怎麼教，因爲來來去去嘛！而且一旦被我踩到邊界就往後縮，包括學舍住持丘胥也是！」

丘胥馬上辯解：「我哪有往後縮！」全場笑了起來，笑聲充滿揶揄的味道。

老師覺得很好笑，「有時候別那麼相信自己，相信一下你的老師嘛！別那麼相信你的自我，自我一定會合理化，自我是讓你看不到自己的唯一敵人。有時候，人要抽離自己的立場去看事情，才會看到眞相。譬如伊正一定要有人對他『銼斡醮』（台語，講粗話）才會來。」

「我哪有？」伊正也急忙辯解：「我有來的時候，都沒有遲到啊！」全場大笑。

陳老師希望我們要更努力，更珍惜這個團體。

「希望這一年裡面，你們是生命共同體。你們在這裡受益，願意介紹人來，對丘胥的人生也會有幫助，因爲他想轉型。如果你們只顧著在自己的地盤裡運作，不鳥人，我不曉得這個學舍能存在多久？

我常聽到丘胥講，台北那些學舍的資源好豐富喔！我們中壢都沒有。丘胥，我要正式告訴你，只要你跨得過自己的心理障礙，便會發現中壢有很多資源；只要你像個『住持』，才有能力和信心『整合』這些資源。把中壢學舍設在你這裡，也是應你的要求。你看，你講一句話，我就來了，你能說沒有資源嗎？只要你邁開步伐，願意靠近別人、進入關係，不會沒有資源的。不要爲了感覺和面子過不去，就萎縮在那邊。人要知道自己要什麼、往哪裡去，也要有策略和行動，如果只想賴在感覺和情緒裡面，這輩子就玩完了。

你看我們這麼多人才，丹丹、肯、阿薰，他們那麼多花樣，都會整合在這個工作坊裡面。只要你們有意願走這條路，我一定會弄出一個舞台，讓這個團體走出去。如果沒有意願，只是來上個課，有時候遲到、有時候不來，那我眞的沒辦法。

上個禮拜，麻麻的弟弟來學舍，聊到他才剛當完兵，就跑去花蓮和一個道家的師父學堪輿。

上次我問他，你怎麼驗證一個『龍穴』呢？他提到了『太極暈』，很不容易耶！中國的風水三教九流，有假有眞，有巒頭、有理氣，也就是空間和時間，他弄得那麼清楚喔！我今天來就問麻麻，他弟弟走這條路，是老師授意，還是他自己決定的？麻麻說是弟弟自願跟著老師，沒有限期的學習。啊！那個年輕人，才六字頭，就在做自己想做的事情，那麼清楚自己對什麼東西有興趣，不是只想賺到錢就好了。麻麻家也不是很有錢，他弟弟卻想走這條路。他研究幾年了？」

「從他讀五專時開始的。」麻麻說。

陳老師點點頭，「我對麻麻的弟弟說，如果他的堪輿學好了，我可以帶他去見一個高人。老實說，術法能夠教，心性不一定能教，這需要遇到一個明心見性的師父才行。那不只是在空間和時間裡面，掌握到巒頭和理氣，時空合一便得了。因爲福地福人居，唯德者能居之。不是你找到龍穴，把骨頭埋進去就發了喔！再說發了又怎麼樣？能一發永發嗎？沒那麼容易的事。緣起甚深不可思議，要道通天地之外哪那麼容易，對不對？這時心性上的修養便是重點。」

陳老師苦口婆心勸我們：「希望你們願意清楚地認識自己，不只是把工作做好，認爲以自己的能力和口才，人家找不到把柄就好了。別只要那一丁點兒，要人家愛你、要人家說你很棒、尊重你、對你有正確的了解……，太小孩子氣啦！你不曉得宇宙有多大，生命有多無限？生命不是那些名、那些利而已啊！不是找到一段關係就安心了，不要這樣設定你的人生，這樣會讓你失去整個宇宙。

這一年已經過了半年，你們的學習意願有限，我又能怎樣？眞要照我的意思來開車，你們不一定要去那個地方呀！希望你們要比我更看重自己，不要我很看重你，你卻看輕自己，每天無事忙就好了。講老實話，爲名爲利都是無事忙，因爲不永恆、帶不走！」

生死有無之間

「那到底什麼是永恆呢？」春肆有點生氣地說，「爲什麼人生禪要找舞台？爲什麼？」

「只要有ego，就不永恆。我講它不永恆，不是罵它喔！名利眞的帶得走嗎？一定帶不走，這根本不用辯駁。」

「陳老師，我經常在你的言談當中，感到你覺得對工作很有企圖，是很名利薰心的事情。」

「等一下，對工作有企圖，不等於和名利畫上等號，而是該去看妳爲什麼要有企圖？是因爲成就感？還是生存的恐懼呢？」

「那你爲什麼對人生禪要有企圖？」

「很簡單，解決煩惱、痛苦和死亡的問題，要讓妳意識到，是『誰』在人生當中出生入死。人如果死得乾脆，就沒有感覺、沒有恐懼，若還有機會躺在病床上，妳會恐懼啊！我們的親人也會恐懼，但只能交給別人或醫院、殯儀館去處理。在社會中，妳要成就感，別人也要啊！妳競爭，別人也同妳競爭嘛！這裡面沒有煩惱、痛苦嗎？還是妳以爲大可周旋就夠了？」

春肆不耐煩地說：「我能不能請你專心看著我、聽我講工作的事情？我一個月賺的錢不多耶！這份工作讓我很有成就感，不在於賺多少錢，不在於和客戶談判得怎麼樣，而是在於那種感覺。」

「等一下。我剛才講那些話並不是針對妳。單就一個成就感，妳能不能去了解它的來源？不只是盲目地追求，享受快感，看都不看一下？」

「這不是針不針對我的問題，而是那樣會把問題劃得很死，爲什麼……」春瑋有些激動。

「我了解妳的意思，妳只想把『有』的層面處理好就夠了？還是說除了處理『白天』的問題，也可以處理『晚上』的？很簡單嘛！人生、人生，可不要忘記人也會死的事實。我們受的教育、流行文化、社會只告訴妳怎麼處理和經營人生，卻沒有人教妳如何正視與通過人會死的部分。我要告訴妳的是，不要只看到白天，也要看到黑夜，這是個提醒。」

伊正沒頭沒腦地接話：「人會死，可是死人不會來和你講什麼啊？那你活著不夠圓滿的話，那……好像也不行啊！」

陳老師問伊正：「你這樣活著會圓滿嗎？不是你努力賺錢，人生就會圓滿了；不是人家敬愛你就會圓滿了；不是『反正人都會死嘛！我接受就是了，何必還要求一個不死的？』就會圓滿喔！」

「我光在這邊談不做，那……」

「對，光談不做和光做不談，都不圓滿呀！所以才叫你們一定要來！」

伊正突然氣餒起來，「我書讀得太少，覺得自己字很醜，我就……這是我該努力的地方。可是我沒時間做啊……這可能是我找藉口啦！」

陳老師嘆了口氣：「你都三、四十歲了，還在說書讀得少，萬一生了小孩，小孩比你聰明，你能叫他做什麼？你只要他成為生意人、口才好的人嗎？你看丘胥相貌堂堂，就有那麼多父母親的影響和陰影，我們能面對嗎？這個面對，不是說把自我餵大了，心理健全就行了。如果我是Yoyo，看著一個孩子即將通過我而出生，我卻不曉得他來自何方？竟然沒有一個母親能回答生命怎麼來的，這個奧秘難道不值得我們看一下嗎？我們不只是從媽媽的肚子裡面來的，對不對？生死有無之間，你不覺得它是一個整體嗎？麻麻的弟弟去學習風水，也是為了解決人生歸宿的問題。風水不只是找到一個龍穴，讓你發官旺祿而已，所以為什麼我說風水還有心性和所謂道通天地之外的問題。生死有無才是一個完整、圓頓的人生。」

■人，生不認魂，死不認體

伊正有些遲疑：「人為什麼要為了這個存在，來這邊證明？」

陳老師正色道：「人該有的恐懼，是對『存在』、對『我是誰』的無知。不管面不面對，都有這個問題呀！現在只不過有隻烏鴉，擾人清夢地叫著『人有存在的問題喔！不要只忙著賺錢』。難道你們活到現在都沒有煩惱、痛苦嗎？你們不想根本地解決嗎？只想賺錢，轉移注意力就沒問題了嗎？而且你一定賺得到錢嗎？趁現在經濟不景氣，偶爾為存在的問題傷一點腦筋會死啊？你們每天至少八小時，已經為生活、工作努力過了，偶爾一個禮拜兩三個小時，體貼一下自己，面對一下內在的恐懼和陰影會死啊？這樣的要求很過分嗎？我還是好心耶！每個禮拜必須這樣來回跑？講難聽一點，你們以爲這三千塊有多大啊？

沒有錢就得去賺錢，這你知道。別人的一個眼神怎麼會讓你受傷，這你知道嗎？包括你的呼吸那麼淺，是因爲小時候受到驚嚇，這個制約你知道怎麼解除嗎？如果解除這個制約只花你三千塊，不值得嗎？想想看，我告訴你們的是抽象的東西嗎？我愛你們耶！」

老師愈講愈生氣，還鄭重宣告他快氣炸了！

伊正有點錯愕，「我沒有談錢的問題呀！」

「如果不是錢的問題，那你給我好好聽著！不要每次都要人家三催四請。」

「我從來不遲到的啊！我第一次反應這個問題的時候，就對城光講過我不想上課。」

陳老師激動地說：「你只需要回答我，爲什麼你再不喜歡一個人，當這個人要給你錢賺，你就得跑過去哈腰，像個哈巴狗？現在有一個人告訴你要好好愛自己、認識自己，你就問他『我爲什麼要呢？』有人告訴你人生不只有生的問題，還有死的問題，你就問『我爲什麼要注重這個？』爲什麼？你是個有智慧的人哪！至少人是理性的動物，不是嗎？我有個長輩說過『人，生不認魂，死不認體。』結局是生死兩茫茫，萬古如長夜。我要你小心別只當個謀生的機器，行嗎？

我常告訴你，要愛自己更甚於別人愛你嘛！難道是我的愛太多了，讓你覺得反彈？你要一個技術、一個行銷策略、一個知識或方法，那很簡單，賣這個很容易呀！你們這些人，哪一個能力不好？伊正自己還當工程公司的老闆，看看坤浩的口才和應對，超級業務員一個！春瑋一樣很棒啊！Yoyo 是髮型設計師，又是老闆。你們能力不差呀！已經擅長的，就不必害怕嘛！那不能夠的，去學習有什麼不好？」

老師看了悶不吭聲的丘胥一眼，「很好，我終於可以趁興而談了。我就講最後一次，我對各位的任何行徑或決定沒意見，只要求丘胥不要往後退。因爲你走的不是一般上班族的路，你不是大象身上的跳蚤，你是一無依傍的跳蚤，你要有更多的學習意願，要做更大的突破，除非你想和別人一樣上下班，那就沒問題了。」

■師心之痛

坤浩轉移了話題：「我覺得麻麻的弟弟會去學風水，可能他有一些不同於一般人的感覺，譬如說特異功能之類的。我當然覺得他弟弟很有方向感，但是……我絕不是看好戲的心態，因爲能不能學得到、學得精、學得透，都還是個問題。」

陳老師認爲，不管麻麻的弟弟有沒有學透、學精，他都找到方向了。

「那我們找到方向了嗎？而且你要知道，他才六字頭，就知道自己要這樣子走到底。走到底的意思是，不管能不能得到我要的，我知道自己要怎麼行徑、怎麼步驟。不同於一般人晃來晃去，好像要讓命運、讓環境來決定我該怎麼辦？就像談生意不行，我再去學談判技巧；弄個公司，才學個行銷管理。我們是這樣耶！非得命運告訴我們情況不妙了，才願意學習，不見棺材不掉淚，我們是這種感覺耶！好像沒被逼到，就不曉得爲什麼要學？麻麻，你從一開始就沒講話，說說看你想要學什麼？」

「我不習慣上課要講話。」哇，好冷！好個談話終結者！

今天伊正的話比較多，問問題也直爽，「我想我是門外漢，所以才問，這是我的質疑。你說光是在修心靈課程，你光在修……」

「等一下，你說我們光在修『心靈課程』？我們是在修人生禪哩！我常說步步人生步步禪。在人生層面上，我看到『有』和『空』不是兩回事，所以我才加上『禪』字。就像白天和晚上才叫做一天，我們現在只看到白天、只看到人生耶！我們都看生不看死，可別忘了我們的父母親有生死，我們也有生死……」

「可是，我的生存現在就有問題啊！」伊正說。

「有什麼問題？你告訴我。如果工人你管不了，或是口才不好，我教你嘛！如果你有恐懼，我讓你沒有恐懼，用什麼方法都行。我們只有講靈性嗎？從第一天上課我就告訴你們，從一句話去認識自己，我和你們談的是工作無懼、關係有愛，這哪是『光在修心靈課程』？都是從你們的問題出發耶！你不知道嗎？

爲什麼你認爲我們光在講心性修養？這才是麻麻想學的，在這裡我還講不到一點。到現在爲止，我還在服膺你們的問題。譬如丘胥在父母的關係裡有恐懼、有陰影，我便找丹丹來幫他做衝突療法，你能說我們只談心性修養嗎？你現在的口才比以前好多了，也敢發表意見，很棒啊！這都是進步，你看不看得到這些進步呢？Yoyo只和我協商一次，就願意擔負一個生命，要帶一個小孩到世間來，她要冒多大的險啊？這就是她的成長啊！

唯一講到禪的，只有上一次的工作坊。那次中壢學舍只來了坤浩和春瑋。當時有許多人問修行的事，我們才講到一點，不然我們一直在講人生耶！看看整理出來的實錄，不都是在講人生嗎？哪一個不是在講『有』的層面？其實談到現在只有一個問題啦！你們永遠不夠愛自己，因爲我們所有的價值觀，都讓別人的看法和環境來決定。講好聽叫務實，講難聽一點是不自愛，永遠被牽著鼻子走。」

老師平時講話速度就快，這時更像連珠砲般，把這陣子的心情儘情吐露。

這時春瑋細聲相勸：「不要生氣了，老師，你已經氣很久了。」

伊正抱怨：「我覺得沒有辦法全心來學嘛！來等於沒有來。」

「你的質疑是什麼？你問的我都回答你啊！」

伊正仍然搞不清楚老師怎麼如此激動：「老師好像對這點很生氣？」聽到這裡大家都笑了。

「當然生氣！」陳老師氣憤地說，「因爲你們是一群糊塗蛋！以後不准說我講的是一些虛無飄渺的東西，我講的都很具體，從人生下手，所以才叫人生禪。當然，我不否認禪已在其中，可是我不是故意的！」一夥人頓時哈哈大笑。

「非典型」正義人士

「我想插個話，」丹丹對伊正說：「我說你的呼吸模式和你的生命模式是一致的，如果你眞的聽進去，你會覺得非常實際，一點都不虛無飄渺。」

坤浩介入話題的方式，有他獨特的癖好，他接續丹丹的話說：「這我不敢類比，他們，春瑋和伊正是同一個星座，他們的個性本來就不喜歡人家用激的方式。說實在話，有些人希望被鼓勵，慢慢地被帶到適當的地方。有些人，譬如說城光、丘胥，他自己會繞，繞了很久發現有個縫隙，才進去他該到的位置。對每個人應該有一個適切的方式，我覺得是這樣。如果台北延吉學舍覺得兩個月一次的工作坊，要在那邊辦也沒關係，完全看丘胥的想法。不過我覺得那邊空間太小，如果在台北辦，我代表自己發言，我不會去。」原來坤浩是在藉題發揮，推辭參加工作坊。

陳老師聽了大笑，「坤浩，你很會講話，可是你都從外面講進來，你爲什麼不講自己的話？」

春瑋贊成：「對！我也有發現到他老是繞話兒。」

坤浩不解，「講自己的話？」

陳老師揶揄坤浩：「你好像公義人士、正義人士耶！不能面對自己一下嗎？」

丘胥忽然放聲大笑。

坤浩不以爲然，「我面對我自己啊！我就是不爽，所以不去啊！」

「爲什麼這麼講，你就不爽了？」陳老師質疑地說，「這是事實，你看台北那麼多人都來了，結果你們老是遲到，對不對？又說台北的學員水準不高。那水準高的，爲什麼不能表現高水準的作爲呢？」

坤浩辯解：「我之所以說他們水準不高……」

陳老師笑道：「我這樣講，是故意要激你的。」

坤浩也見風轉舵，「我剛才的話也講得很快，四月底再看看延吉學舍的情況？好不好？」

陳老師請坤浩還是靠近自己一下，「我的意思是說，你什麼時候可以從這邊（老師拍拍胸口）講出話來？不要老是當正義人士。當你不能愛自己，必須用『正義』去愛別人的時候，注意，這是『非典型』的正義哦！還是你們覺得在這裡沒有學到什麼東西？」

「有啊！」伊正繼而又不確定了，「可是……」

「那爲什麼每次都說沒有？還要人家三催四請的？你們在外面也混過、跑過嘛！你眞的以爲，給你一個理論和一套方法，就會學到東西嗎？再者你看看實錄，其中沒有理論、沒有方法嗎？」

伊正表示還要加上自己的努力啊！「如果自己不做，是學不到的。」

陳老師強調地說：「但是，認識自己非得貼近自己不可。我不否認，這是條漫漫長路。有時必須要面對自己的不足和極限，而陰暗面會讓人有一點恐懼。恐懼以後，接著就往後退。我經歷過，我也知道啊！可是這樣的情境，代表我們有在深入。我們可以期許、願意等待，就像坤浩講的，可以慢慢繞到正路，當然很好。可是當你們卡在一個觀念上，或者只想耽溺在談話裡，那做老師的就得想想其他辦法了。」

伊正跟著說：「可是這好像有一點逃避啊！來這裡真的比較沒有壓力呀！好像是在逃避、紓解壓力這樣子。」伊正自己都沒注意到，他現在敢表達心裡的意見了！

陳老師笑著說：「逃避壓力？爲什麼讓自己安靜下來，沉思一下，叫逃避壓力呢？人生能從生到死，一貫衝刺到底嗎？不能紓解壓力嗎？你過的眞是驚恐式呼吸的人生耶！」

為什麼說我在繞！

坤浩無意介入伊正的話題，轉頭對春瑋施了一記回馬槍：「那妳爲何說我剛剛講話在繞？我怎樣繞？說！」

春瑋有點不滿，「就像剛才你說麻麻的弟弟怎樣，那關我什麼事？還說什麼星座，關你什麼事啊！你都不講一下自己的感覺？」

「欸！」坤浩理直氣壯，「今天他弟弟想學風水，我會想學嗎？如果我有他那樣的能力，我當然也想到這方面去啊！」

陳老師丟出一個問題：「可是，坤浩，我們不是有能力才去學東西喔！」

「對呀！沒錯，那是生存嘛！就和他一樣，是專業啊！」

「所以我們不是有能力才學一個東西，我們常是需要才去學。」

「所以他弟弟才會被堪輿吸引啊！這是一定的。」

陳老師改變語脈，笑吟吟地說：「那你是被春瑋什麼部分吸引呢？告訴我。」大家立刻笑成一團。

不理會自己三寸被擊，坤浩說：「那春瑋的部分我就不講了，就講麻麻他弟弟嘛！」

「你講自己啦！」

春瑋幫坤浩解難：「我覺得麻麻他弟弟學什麼並不是重點，重要的是他學到眞正想學的。」

坤浩不認同，「沒有啊！老師說他有一定的方向啊！」

春瑋解釋：「如果說目前的你，大部分的時間都確定想做一件事情，這件事就是你的方向，那就OK啦！那沒什麼是非、高低、好壞的。」

「我對這方面沒問題啊！」坤浩反問春瑋：「那怎麼說我在繞？在繞，我就不會去賺錢了啊！在家裡就好了。」

「我想講一句話，」丹丹清了清喉嚨：「做得很好的事情，不一定就是我們想要的。我們可以把菜炒得很好，可是不一定想當廚師。也有可能光是做的本身就很喜悅了，即使賺不到錢，沒人稱讚，可是我知道它是我生命的重心。」

「這些我都懂，我相信也有人懂。但是……」

坤浩還沒講完，春瑋就搶著說：「我有個疑問，錢是很邪惡的東西嗎？爲什麼好像它是很不好的？」

「我不否認，也有人能夠做他想做的，又賺到錢。那是最好的。」丹丹說。

春瑋安心了，「對啊！那是最棒的。」

丹丹推進一層：「那麼，我們是不是在做最喜歡的事？或者有沒有發現有些事，是我眞的很喜歡，即使它不能賺錢，卻願意花時間在上面的？」

春瑋語帶神秘：「我覺得，永遠沒有那個我最喜歡的。」

坤浩一語雙關地附和：「因爲妳隨時都在變，妳沒有什麼最喜歡的，妳只有當下最喜歡的。」

伊正跟著吐槽：「欲求不滿……」

■精準一點，別講屁話！

坤浩反問丹丹：「十年前你就跟著老師，十年前的你要學什麼，你應該不知道，否則幹嘛跟老師？」

春瑋責問坤浩：「你幹嘛又講人家？」

坤浩強調：「我對這裡的每個人都有質疑，包括老師嘛！」

老師笑著說：「坤浩只有一個人不質疑，就是他自己！」所有人都拍手叫好。

丹丹對坤浩說：「我跟老師十幾年，如果他身上沒有我想要的東西，你想一個人會跟十幾年嗎？」

「有可能哦！」春瑋說，「很多怨偶都是這樣造成的！」全場再度爆笑。

「麥啦！先別講這個啦！」坤浩阻止春肆離題，又轉向丹丹：「你說你知道想學什麼就可以了，不必說你跟著老師怎麼樣？在人生禪裡面，精準一點，盡量不要講屁話！」

丹丹驚異：「你覺得這是屁話？」

「不要只是講老師有東西嘛！」坤浩不耐煩地說，「當然，老師有東西我們才加入這個課程啊！」

「哦——」春肆幸災樂禍地笑道：「你說老師有東西是屁話！」

坤浩瞪著春肆，「老師有東西，我才會叫他老師，也才會來嘛！對不對？那只是跟多久嘛！」

聽到坤浩這番質疑，丹丹只好說：「我並沒有把它當做一個資歷耶！」

「只要說跟多久！」接下來是坤浩柳暗花明式的敘述：「這個跟多久，是因為你覺得老師有東西。那我們也一樣，希望學到什麼、得到一些東西嘛！有些人因為他預計要得到什麼，或解決什麼問題，而他們沒有得到解決，所以離開。你的情況不見得相同，你可能就是要去了解老師，甚至了解自己，對這方面你很在乎。每一個人的習題不一樣，不是每一個學生的情況都是這個樣子。麻麻他們家窮，他不見得要成立學舍才能賺錢啊！Yoyo不一定要開美容院，才有錢來上課啊！我不知道你們聽得懂我的意思嗎？」

「不懂！」春肆搖頭。

「我也聽不懂！」丘胥說。

反倒伊正接得住坤浩的球：「意思是你跟老師學，是因為老師有東西嘛！那麼到底是什麼東西？那我們會來也是……」

坤浩點頭，「每個人狀況不一樣，要解決的問題也不一樣。」

丹丹澄清：「我沒拿我的情況來要求你們，也沒說我才是對的，沒這樣的意思。」

「這不是對或錯的問題。」伊正說，「像我以前都不講話，可能我就走了，何必又來？那我現在提出來討論，難道不能討論嗎？」

「我沒有說不能討論啊！」丹丹分辯：「因爲坤浩剛剛質疑我嘛！所以我說出我的感覺，好像就變成我去壓他了。」

「我不會這麼想啦！」坤浩把話題轉到另一個人身上：「今天丘胥是中壢學舍的住持，講一個最實際的，他本身要不要有東西？如果他沒有的話，我自己來帶也可以啊！就是這樣子嘛！老師希望我們用愛來around他嘛！就是想辦法如何讓他茁壯，能夠自強嘛！老師，你的想法是這樣，對不對？」坤浩轉頭向老師求證。

老師疊聲說對，「我眞的有這個想法。希望你們多支持、愛護丘胥。因爲丘胥不會和人家要愛，他太ㄍㄧㄥ、太要強了。」

坤浩又對丹丹說：「然後看到老師在罵你，就知道對你也要罵一罵啊！」

「妳我在一起兩年，」坤浩轉頭對春瑋說：「竟然聽不懂我講的話？」

春瑋卻氣定神閒，「才兩年，我爲什麼要聽懂你講的話？如果兩年就全部聽懂，也不用以後的二十五年了！」

坤浩愣了一下，趕緊掙脫這個衝突與甜蜜的圈套，「啊，麥啦！不講這個。」

看到坤浩的窘態，樂壞了我們。

這十年只學到一句話？

「這樣你了解我的意思嗎？」坤浩繼續，「今天城光的人生，不是設定剛好在第十二年，命運才決定他要開悟。一定是他遇到什麼撞擊了。」

「我突然有一個感覺，」春肆說，「丹丹剛才只講了一句『我跟老師學了十幾年……』就被打斷，坤浩接著霹靂啪啦講一大堆。」

「沒有啦！前面有因嘛！我說十年前他跟著老師的時候……」坤浩說。

春肆這時堅持地說：「你能不能讓丹丹繼續講？其實你已經講很多很多了。他講一句，你就講了十分鐘！」

丘胥頻頻竊笑，坤浩放棄爭辯。

丹丹回顧剛才的對話：「我講了跟老師十年，又說老師有東西，然後你就很生氣……」

「老師有東西，」坤浩恍然大悟，「對！就是這個地方嘛！」

丹丹納悶，「那有什麼問題？」

「我沒有什麼問題，」坤浩有點不耐煩，「再講下去我就被你打亂了！」大家哈哈大笑。

丹丹按捺笑意，「我不太能理解你的問題。」

「我剛剛的問題是十年前的你，跟著老師學東西，你現在想得起十年前，爲什麼跟著老師嗎？」

「我知道啊！」

「你知道？你說老師有東西嘛！十年以後，你還跟著老師，你爲什麼要跟著他？」

「因爲我覺得……」丹丹害怕又被打斷，便問坤浩能讓他講完嗎？

「你講！」但是坤浩的話沒完，「如果你要講的心裡話是『老師有東西』，那你要打耳光！你知道爲什麼嗎？因爲這十年來你只學到一句話！」

這時大家都噤聲，只聽得陳老師一陣爽脆的笑聲。

伊正笑到不行，「哎唷！人家還要繼續講，坤浩你不要……」

丹丹辯解：「因爲我還沒講完就被你打斷了，所以我只好……」

「繼續呀！」坤浩說。

「他眞的在發揮除惡務盡的本事。」春肆嘀咕著。

坤浩賣乖，「老師處女座，我也處女座嘛！」

陳老師搖頭嘆道：「潔癖！」

丹丹開口的時候，表情也嚴肅起來，「深刻反省這十年……我只是在觀望。雖然知道老師有東西，可是我沒有眞的投進去。」

「所以有一個問題我想請教你，」坤浩悍然地說，「你憑什麼在大家面前說『我跟老師學了十年』？憑什麼！」

春肆笑道：「這倒是句滿不錯的話。」

丹丹不好意思，「照你這麼嚴格的定義來講，我這十年沒有和老師學過什麼。」

■打擊手「揮」棒落「空」！

「我可以告訴你！」平時退居老師身後的城光，突然跳進來，「丹丹那一句話，只是那個時刻他想講的一句話而已，沒有什麼特別道理啦！就像你現在一直想要講話一樣。你以爲你講那句話有什麼意義、有什麼東西嗎？那都是你加上去的。講那些根本都是屁話！就這樣而已呀！」

「我講的不是屁話耶！」坤浩不悅。

「不管你是怎麼界定它……」城光說。

「等一下！」坤浩音量提高，「你花的時間是你的事情，不是我的事情。」

「對！所以我們講的話，都是另外把它定義上去，給它意義。不然你講講看，你講出來的這句話是什麼？這些話語的功能是什麼？是不是都要靠我們去定義？所以不管你講幾年前，都是現在這個時刻在講話。沒有以前的話，都是現在講的話。」

「對啊！這就回到我最前面講的地方……」

城光打斷坤浩，「你不用回去啊！你幹嘛要回去？」

「等一等！」坤浩被城光搞迷糊了。

「不用等、不用回去，你就現在講啊！」城光繼續質問。

「等一下！」坤浩強調，「這一切的開始有源頭喔！」

城光氣勢洶洶，「源頭在哪裡？你找出來！」

坤浩怕不清楚，指著丹丹一字一頓地說：「源頭就在於我剛剛請教他……」

城光不接招，反而說：「我要講的源頭已經不是那個源頭了。沒有源頭！」

「你……你……」坤浩瞪著城光，語無倫次，「你這樣算『揮』（台語，胡扯的意思）喔！眞的！什麼當下、當下、當下，你……你這樣……」坤浩氣結，翻了一下白眼，「啊！好累！」

「要不要喝口水？」伊正殷勤地端來一杯水。

「可是這個『揮』也是你定義出來的啊！」丹丹見縫插針，「因爲我認爲這叫『揮』，所以就叫『揮』。」

「這樣的撞擊很好！」伊正很興奮，「就像丹丹講的，如果十年都沒有全心投入，那這十年都白過了。」老師再度大笑。

「不，他沒有白過。」坤浩另有看法，「他自己的人生有過，與老師學的這段期間，白過！我要這樣講，這是我『揮』嘛！我就喜歡『揮』啊！」

伊正贊同，「坤浩就在『揮』這一點。」

「那你直接講就好了。」丹丹說。

「對嘛！幹嘛『揮』那麼大圈？」伊正也敲邊鼓。

時間不早，一夥人談興仍濃，老師叮嚀Yoyo可先離開。

「好吧！」丹丹對坤浩說：「照你這個定義，這十年我是白過了。」

聽了這句話，坤浩更加不滿，「欸，不能這樣講喔！你的十年是你的生命喔！這十年怎麼過的你自己知道，我不知道。所以要對這十年負責的是你自己，不是我啦！伊正輕描淡寫地說『你白過』，是因爲你沒學到，你不認眞、沒有投入嘛！這和剛才老師罵我們是一樣的啊！我們都沒投入嘛！所以老師罵我，和我罵你是一樣的，這樣知道了嗎？只是時間不一樣而已，你十幾年，我半年嘛！我只學到一個月而已呀！因爲早先五個月我沒有投入啊！」

陳老師笑道：「從邏輯上講，坤浩是對的。」

「就這樣子啊！」坤浩小聲說：「我對自己那五個月『揮』嘛！我說自己白花那五個月，沒有說你。我對自己誠實嘛！」

「現在要說『阿門』了嗎？」春建說完，大家又笑成一團。

坤浩遷就城光的說法：「城光講的，是『現在』的當下，但我是要丹丹分享十年前，你跟著老師『那時候』的當下。因爲那段時間你們苦，我們現在比你們幸福，那我們人有時候是犯賤的嘛！分享一下不會怎麼樣吧！」坤浩說完，鬆了一口大氣。

伊正揶揄坤浩：「講得很舒服喔！」把大夥兒逗笑了。

「伊正很銳利啊！」陳老師笑道，「以前都沒有機會給他講話，一給他講話，他也會丟一堆刀子的。我們讓丹丹把話講完。」

遲到以後，錢就不值錢了！

丹丹抓抓後腦，「我講和老師第一次見面的過程好了。其實那一次見面，我就知道他是有料的。」

「第一次見面是你定義的——老師有料。」坤浩補述。

「我就講給你們聽嘛！至於你認爲有沒有料，我就沒辦法。」

「我會遇到老師，是春瑋帶我去的……」坤浩又不等丹丹講完，逕自講起他和陳老師初次見面的情形：「當時我是被老師的話感動。我沒什麼了不起，和你一樣是人，我很摳。春瑋告訴我這個課程要三萬六千元，我當時覺得太貴了。老師剛才講幾千塊不值錢那一段，我很不爽，我過不去，胸部很痛。」坤浩撫著胸膛。

春瑋大笑，其他人也意會到什麼似地，又叫又拍手，有人笑得喘不過來，頻喊哎唷。

丹丹恍然大悟，笑道：「繞了那麼大一圈，原來我就是老師的代罪羔羊嘛！」

陳老師則說：「坤浩有一部分是開玩笑，一部分也是他眞正的感覺。」

坤浩悲壯地說：「當時我在乎的是，要繳三萬多塊，我在乎哪！因此我有預設來這裡要學什麼，但是不見得在第一堂課就學到啊！那就是爲什麼第二、三堂課以後，我在乎那些錢的感覺就沒有了。剛剛老師說他不在乎那兩三千塊時，我覺得這樣講對我是個污辱。」

「爲什麼？」丹丹問。

「他讓我覺得……我花這樣的錢過來，他卻覺得我的錢不值錢？」

陳老師朗聲笑道：「坤浩，你的錢在遲到以後就不值錢了。如果每個人都遲到或要來不來的，丘胥不好做，老師也不好教。教學品質和進度都會delay耶！我不是說那個錢太少，我的意思是說，如果你們準時，我就會很感動，我想要認眞教，可是不希望狀況是這個樣子。這個狀況，我要怎麼教？一下是Rose，一下是伊正，每個人都有事情，那很麻煩，倒不是不尊重那個錢喔！丹丹可以繼續講，不過別忘記除以十二啦！」

■ 你從來沒有看到那棵樹！

丹丹提到第一次見到老師，剛坐下來沒多久，老師就問他一個問題。那時候老師很兇地說：「有沒有看到那棵樹？」

「有啊！」

「沒有！你沒有看到那棵樹。我敢保證，你從來沒有看到那棵樹！」

丹丹當時怔住了，「我訝異於這個老師是懂禪的，於是親近他到現在。不過那時候老師只純講禪，不講別的東西。」

老師也想起學生時期的丹丹，「你那時候大幾？」

「大三的樣子。」

「現在已經是老師了。」

「高職老師。」

「好快！」陳老師笑道。

「這十幾年其實起起伏伏啦！」丹丹也笑道。

「有沒有撈到什麼好處？」伊正問。

「撈到什麼好處啊？」丹丹考慮了一會兒，「我覺得他改變了我生命的方向，所以　就一直親近他到現在。雖然，裡面很多波折。」

伊正問：「你在裡面學到什麼呢？我們也會碰到波折啊？」

陳老師覺得伊正的問題很實際，「到底你學到什麼？我也想知道。」

「當我看見有人可以爲生命這麼負責、這麼無悔的一直走，這是一個很大的震撼，因爲我不是這樣活著的。」

「我覺得這裡面是有奧秘的。」丹丹望了老師一眼，「其中也有很多人在老師手下……就說是『開悟』吧！然後他們就回去過自己的生活，在生活中磨一磨，就退轉了。他們也有人在一段時間裡是非常璀璨、開花的，有他們自己的味道，可是回去生活轉一轉，那東西就不見了。」

「對不起，」伊正想打斷一下，「我問的是你學到什麼？不是別人。」

「對，不是別人。」坤浩附和。

老師和春瑋大笑，「他們好合喔！」

「他們可以結拜了！」

我被那個光芒感動

「我只能說，我得到的是感動。」丹丹訕笑著，「因爲這樣的感動，讓我願意繼續靠近他。他就可以這樣一路走來，始終如一，很多人就像浪花、幻影，啵啵啵一下就消失了。也有人靈光乍現一段時候，但是陳老師不是這樣。這樣子的生命，這樣子一路走來的堅持，那個光芒，我被感動了。」

春肆質疑，那樣的感動，爲什麼始終沒有辦法讓丹丹投入？

「你感動了十年，看到無數的人開花，又離去……難道你在做生態觀察？」

「在這十年，我不否認是這樣的心情。然後到了今年，我比較願意投入吧！如果說有得到東西的話，是不再去想開悟的事情，而是去想我要做什麼事情。」

「那你還是有求嘛！如果有得到東西的話。」坤浩說。

「我不知道我有沒有得到東西？」

「你不能先失去，再去求嗎？」

「我現在就是在做這件事啊！」

「對啊！那你願意幫丘胥做第二階段的父母親療程嗎？」

「我會幫他做。」丹丹答應，「我現在的心情是這樣啦！我會去做，先把個人的喜好放一邊，這是我現在的功課。我覺得，宇宙有一個奇妙的法則，你一定要先付出。付出不一定會得到，但是不付出絕對得不到。我就先丟出來，得不得到，我現在沒有那麼在乎。」

「付出一定會在乎。」伊正說，「我覺得是努力，不努力永遠不會得到，用『努力』吧！」

坤浩則說：「在伊正的字典裡會用『努力』來形容，而丹丹的是『付出』。」

我對這個自我，還覺得很好

談到這裡，伊正索性暢所欲言：「你們跟了老師十年，老實說，你們有什麼成就，我們會看。今天講難聽點，跟了十年也沒什麼，那我要跟多久？跟二十年喔？我們會這樣去評估啦！在社會心態上是這樣。」

「所以，你還是用社會的心態？」坤浩問。

「你也是，我也是。」

「我不會迴避你這樣的質疑。」丹丹說，「你質疑我，如果是爲我好的話，我很高興。如果你的質疑是爲了維護你自己的話……」

伊正趕緊表明：「我只來一年，所以……」

「所謂的維護自己是說，今天我想離開，所以要找個理由，就說：『啊！你們都沒什麼，所以我可以離開』。那也是你自己的選擇啦！」

伊正表示那是他自己的問題，「可是你也會造成新來的人有這個疑惑。」

坤浩對丹丹說：「他剛剛問的問題，你直接反應就是了，不要想說如果他是爲你好。」

丹丹遂直接地說：「我的感覺是你要離開了，你找到一些藉口，就說因爲這些人都沒長進，所以我離開。這些人沒長進與你何干？你只和老師有關係。我沒長進，是因爲這十年裡有我的觀望和質疑，那不是老師的問題。你也不需要拿我的問題去質疑老師有沒有料，那是很無聊的。」

坤浩質問伊正：「你有這樣想嗎？你眞的這樣想？你這個菜鳥！」

丘胥罵坤浩：「牆頭草！」

丹丹不明白伊正在質疑什麼？「否則人生禪十幾年潮來潮往，很多人來來去去，我也可以說，因爲那麼多人走啦！所以老師沒有料，我也可以走了。」

「如果你這樣講，就眞是白跟十年了！」坤浩突然義憤塡膺起來。

「怎麼說？」

「因爲你自己花的時間，你是對自己負責，和老師無關。我們出了什麼事情，不要牽拖別人。如果要跟這個老師，你管別人說你跟他學十幾年，你在學什麼？」

「對啊！」丹丹承認這是他的問題。

「所以不用看誰來了又走，然後我又怎樣。你剛剛講和老師有關……」

「你聽反人家的意思啦！」坤浩還沒講完，春瑋就打斷他，「聽反了，又講得更反，然後不亦樂乎。」

看到這一幕，丘胥高興地笑著。

丹丹檢討自己爲什麼到現在沒有進步，「原因是我有自己的偏好，有不想投入的部分。與別

人無關，我也不會把別人的來去，視爲要不要親近老師的判準。我只看這個老師有沒有料？爲什麼我不能和老師一樣？到底問題出在哪裡？」

「你這樣講，我們好像霧裡看花。」伊正不解，「你不是很確定，又沒全心全力投入。還有一點擔心，代表你還有質疑。」

「我不是質疑老師，而是我有一個直覺，如果我把自己丟進去，就不能有我自己，不能有我的個人。」

「你還是丟不進去，還在那邊晃。」

丹丹露出稚氣的笑容，「我很早就知道，如果丟進去，我的自我就要死掉。我對這個自我還覺得很好。」

一開始就全部給你

「我來講好了，」城光一反過去的羞赧，再度跳出來迎接質問，「丹丹這樣講太囉嗦，我來切一切比較快啦！因爲你這樣講，他們搞不懂你的意思，我來講，他們就比較清楚。」

老師笑道：「你講不清楚要退票喔！」

城光用台語講：「很簡單啦！我們來這邊，本來的心理只是要拿一個東西。這個課程不是這樣，因爲你一個一個拿，能拿的都很小啦！我們上課說那麼多，你多會拿？兩隻手多會拿？再怎麼拿都是一點點，而且怎麼拿都不會滿足。」

「聽不懂？」伊正笑著說。

「他是說預設立場。」坤浩補充城光的意思，「很多人去上課都是預設立場，想去得到什麼。」

「就是要拿到東西啊！台語你聽不懂哦？」城光說完就拿蒲團打伊正，伊正不料會被打，呆住了，毫無招架能力，大家笑倒。

城光再問：「台語你聽不懂喔？」又打。

坤浩看到城光這種無厘頭的打罵伺候，既驚訝又興奮，笑得岔氣：「城光！你見笑當生氣（台語，惱羞成怒之意），不可以，不可以喔！哈哈哈……」

「你有暴力傾向！」伊正也笑著閃躲。

陳老師笑道：「這是衝突療法。」

丘胥有點驚訝，也佩服城光：「我覺得他今天講得滿好的！」

城光繼續操著台語：「所以每次要去拿東西的時候，我們就會起衝突。因爲你只要一項一項，很小的。當我們拿到時，就會有判斷標準，就在那邊算。算，就是在那裡畫一條線，說有或沒有，就是在畫一條線。線一畫下去，我們就開始有衝突了。這就是我們做衝突療法的原因。」

第一次看到城光如此威嚴，大夥兒又開始竊笑。

「這就是我們與人家不同的地方。」城光一板一眼地說，「我們一開始就全部都給你，不是

要讓你拿一點點。」

伊正第一次看到城光擺出這種架勢，笑個不停。

「這我都知道。」坤浩說。

「都知道？」城光強調，「你說知道就代表一點點，眞的只有一點點，其實你是眞的不知道！」

坤浩不理城光，繼續說：「你這裡面……」

「你眞的不知道！」城光大聲說。

看見愣怔的坤浩，春瑋笑得發抖，「你們要不要比個腕力啊！」

「你眞的不知道！」城光振振有詞，「如果你知道，我會說你知道。可是你絕對不知道！」

丘胥把伊正拱出來：「我希望等一下就你來問。你當初向我提的問題，我才開口要講，就被老師罵得臭頭，這都是你引起的，今天一定要你問個清楚！」

城光豪爽地對伊正招手，「來、來，坐這邊！」

面對城光的招請，伊正一臉驚慌、無辜，感覺自己像待宰的羔羊，不知道如何是好？坤浩和丘胥邊笑邊拉他到城光面前坐下。全場笑鬧成一團，等著即將發生的好戲。

丘胥把伊正按在蒲團上，「今天老師在、城光在、丹丹在，你給我好好的問！」

城光繼續口操台語，面露兇光，「坐穩一點，沒關係！坐好啊！不要緊，坐好！」

大家都抱著肚子，樂不可支，伊正顯得驚慌又無奈。

「你是要我講那天……」伊正小心翼翼地說。

城光喝道：「不要說那天，就從今天說！」

丘胥得意洋洋，有點狐假虎威，「反正把你平常對我的質疑都拿出來問就對了！你之前對我講得那樣子，現在卻縮起來，知道嗎？你害我白白被老師罵，現在我要出一口氣！」眾人拍手大笑。

■不要問那個一點點的

伊正靈機一動，轉向陳老師，「剛剛講丹丹跟了老師十年嘛！老師你是用什麼能量，讓他這十年裡可以成長的？用什麼方法？老師你應該是很敏感、很覺察、很有技巧的。不管你用什麼方法，不管用騙用拐的，讓他爬起來的呢？這是我的問題。」

坤浩點頭，「好問題。」

伊正問老師：「你用了什麼方法？會不會是你耗了他十年？」

「你現在不需要知道這個，」坤浩中斷伊正的問題，「那個『落落長』（台語，冗長之意），你以後有半年時間可以問。」

陳老師催促伊正：「先和城光對決，我們的以後再說！」

聲東擊西之計無效，伊正一臉驚慌，眾人見了笑得匍在地上。

丘胥以為有人撐腰，也緊迫盯人：「看你要問誰、問任何問題，都可以！」

春瑋大笑，「看他怕成那個樣子……哈哈哈！」

坤浩也笑著，建議伊正最好選擇問城光，「他比較容易被扳倒。」

「你說他容易被扳倒？」伊正無法置信地笑著。

「你眞是比我沒膽ㄋㄟ！」丹丹衝口而出，「你知道嗎？之前我面對城光的質問時，後面還有一支刀子抵著！」

丘胥做證：「那時他後面有一把刀，後來刀還架到脖子上，眞的！」

坤浩慶幸Yoyo先回去了，「這種事情不能講給Yoyo聽，會嚇壞她。」

伊正有點心虛地對城光說：「對著你我只會笑，不會嚇到。」

春瑋大笑，「又在解釋！」

「唉喲！」丹丹嘆氣，「你比我沒膽。看我這麼斯斯文文，還比你勇敢！」

「要問什麼？」伊正反問城光。

「看你要問什麼啊！」

「你爲什麼會跟老師十幾年？」伊正客氣地問。

「這干你什麼事？」

「關係有愛！」坤浩插嘴道：「你這樣就不成立了喔！」

城光則說：「我也是很認眞在回答。」

伊正謹愼發言：「因爲我也想跟老師啊！所以想了解一下。而且你是我和老師的媒人嘛！」

「你直接問就好！不需要這個轉折。你是不是欠打？不直接問，還在那裡轉來轉去？」

見城光又拿蒲團打人，坤浩大叫：「哎！他就喜歡打人啊！」

坤浩催促伊正：「你可以問他問題啊！拿你以前問丘胥的問題問他嘛！」

城光豪氣干雲地說：「不要問那個一點點的，有種就整碗拿去啊！」

「整碗拿去？整碗是什麼？一點點又多大？」伊正問。

「一點點的，你不知道？」城光拿蒲團輕碰伊正。

伊正嚷著：「一點點是什麼我不知道？你別拿蒲團弄我了！如果我不對，你怎樣動手都沒關係。要解釋清楚才動手，不可以用含糊的話帶過去。」全部的人拍手叫好。

■做得到什麼，就說什麼話

城光問伊正：「你要來學什麼？」

「我不知道要來學什麼，只是來看看而已。」

「你剛來的時候，說了什麼話你忘記了嗎？你說要來學習和工作結合，找到人生的重心。你自己說過的話，都不知道？」

「沒有，」伊正不承認，「我沒有講得那麼藝術！」眾人捧腹大笑。

城光再打，「在錄音帶裡面都有，我可以找來給你！你自己說的話都忘了！還要說什麼？」

「第一天來，我哪記得住那麼多？」伊正一臉無助，其他人則笑得東倒西歪。

丹丹幸災樂禍地說：「哇！城光你這樣太暴力了！」

城光不動如山地說：「很簡單。我們做得到什麼，就說什麼話；做不到的，就說做不到。這是誠信。」

「這樣就可以了？」伊正說。

「當然，先學這個部分。」

「好，你叫我先學這個部分，但我就是字寫不好，我要回去練習啊！」

「要練習就訂時間，方法我教你。練寫字，每一種字體都練，不能說今天做，明天不做，每天都要做。做了要交成績給人看，字越練越美了，我就給你鼓掌，知道嗎？這樣你就會進步了啊！」聽見城光的循循善誘，全部的人都鼓掌。

伊正恭謹地說：「我就這樣練、這樣做？」

「就是這樣練。」

伊正不明白，「可我就是這樣練的啊！」

城光喝道：「你就是這樣說，沒這樣做，才會這樣！」又是一陣蒲團伺候。

「你沒這樣做啊！你說！我有說錯嗎？」

伊正閃躲著，「啊！人都會懶惰的！」

「對啊！那不是欠打？」眾人哈哈大笑！

當下「怎樣」沒有惰性？

伊正改變問法：「人爲什麼會懶惰呢？爲什麼會有惰性？」

「就不能有惰性，你這樣才能改過來啊！」

坤浩提醒伊正，「你問的問題他還沒有回答！」

「對呀！」伊正附和。

「人有惰性，當下爲什麼有惰性？」坤浩也問。

「你就不要這樣，就沒有惰性了！」

「怎樣不要這樣子？」坤浩又問。

「沒有怎樣，有怎樣你就這樣子了！把『怎樣』去掉！」

發現城光矛頭指向自己，坤浩趕緊說：「喂！是伊正在問你問題，不是我耶！」

「怎樣去掉呢？」伊正又問。

「就告訴你不要『怎樣』啦！」城光敲了伊正一記。

「啊那……」看到城光又快要打下來，伊正馬上頓住。陳老師大笑。

「我用講的。」丹丹切進來解釋，「如果有怎麼樣，你就一直停在『怎麼樣』上，永遠在找『怎麼樣』，所以就不會改。」

「不要爲自己找理由啦！」城光索性說。

丹丹接著說明：「譬如你想追女孩子，你一直問我要怎樣追女孩子？你會永遠問下去。那要怎樣追女孩子？沒有怎樣，過去追就對了。」

「就行動，做就是了？」伊正問。

「對呀！那時候有『怎樣』嗎？」

為什麼要人家看得起你？

丹丹對伊正說：「你有什麼問題可以問我，城光比較兇啦！我比較溫柔。」

「對啊！我一直覺得不如人的地方，是我書讀得比較少。」

「那就讀書啊！」

「可是讀的書，沒辦法都用上耶！」

「你以為讀的書都用得上？」

「至少像老師講的，我會去追，追我想要的東西，去補足啊！增加一點工具啊！」

坤浩加入討論，「我覺得你不要把重點放在讀書這個地方。」

丹丹對伊正說：「我能了解你想讀書是覺得差人家一等。問題是你要的是什麼？你要的不是讀書耶！而是要人家看得起你。對不對？」

「沒錯。」

「你只是把責任推到沒有讀書上面。為什麼要人家看得起你？你應該去問這個問題呀！你為什麼覺得差人家一等？哪裡面是什麼？如果你把那個東西殺掉了，有沒有讀書，不是你的重點嘛！」

「對。」

「重點是去解決那個問題，而不是把事情牽拖到讀書上面，那很無聊！我講得夠直接了吧？」

「嗯！」伊正唯唯稱是。

城光的笨工夫

坤浩不以爲然，「我看城光跟老師六年，丹丹跟了十二年，一樣！」

伊正大笑，「哇！這句話很傷哦！」

丹丹笑道：「如果我願意像城光那麼下死功夫的話，進步一定比他快。就因爲我蹉跎自己的時間，這是我要爲自己負責的。這第一不代表老師沒有料，第二不代表這東西沒有價值。」

「不管有沒有料，你今天進來晃……」

伊正話沒講完，丹丹就說：「你是想要別人爲你負責，老師幫你轉一轉，告訴你什麼，就點石成金了嗎？」

「沒有，我沒有要別人爲我負責啊！」

「可是你講這些話，不就是要別人爲你負責的意思嗎？」

伊正急忙辯解：「沒有、沒有，我沒這個意思。」

丹丹說：「城光其實沒有比伊正聰明多少，只是城光有一個笨功夫，我很佩服。他給的啓示就是他很傻，傻到什麼程度呢？老師做什麼，他就做什麼。那他就眞的拿到他要的了。」

坤浩懷疑，「老師沒那麼喜歡打人吧！」

「那是沒拿給你看，」城光委屈地說，「我整條腿都是瘀青呢！」大家笑倒。

坤浩指著城光叫道：「原來你是copy的！」

「你不知道，」丹丹驚懼地說，「你們看到的老師，都是和藹可親的樣子。老師眞要拿出來的時候，會讓你皮皮銼（台語，驚怕之意）。」

在商言商的坤浩笑道：「相對於未來的市場，這是不利的喔！」

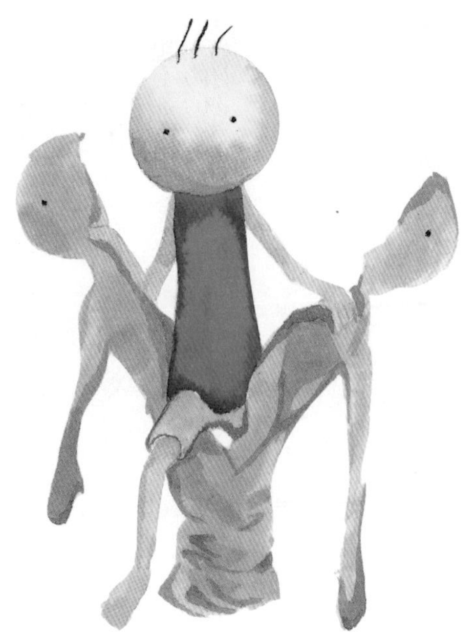

燒了手心，就知道什麼是人心

丹丹對城光說：「我知道你為什麼要打人，但是你不要太相信這個。你覺得把什麼東西截斷會有用，不一定。就算被你截斷了，那一秒鐘也起不了作用。」

坤浩附和：「我感覺你是拿蒲團保護自己，好像你在害怕。」

「不然你來啊！」城光喝道。

「我來幹嗎？」

「你過來！」

輪到坤浩一臉驚慌，「我過去？」全場笑鬧起來，紛紛鼓譟要坤浩過去。

「可見得不要亂講話。」丹丹笑著對坤浩說。

坤浩笑指城光：「你以為我會靠過去嗎？」

想起過往，陳老師也說自己最可怕的，應該是他沒有男女之分。

曾經有個女孩第一次見陳老師，就向老師請教：「《六祖壇經》裡面有『直指人心，見性成佛』的說法，我時間很少，能不能當下明心見性呢？」

「能！」老師就要這名女孩把手伸出來，又問誰有打火機？

「手不能躲喔！愛目睭金金看喔！（台語，眼睜睜地看著）」

老師居然抓著女孩的手用打火機燒，女孩的男朋友在一旁看得皮皮銼。

老師意有所指地說：「你只要是玩眞的，我就敢做，連女生我都拿火烤她啊！打還不可怕，連女生都用火燒手心。那是你要的嘛，不要浪費時間。燒了手心，至少就知道什麼是人心啊！所以丘胥，我現在尊重你，比對女生還尊重！」

伊正很驚訝，「哇！沒聽過老師講這一段。」

丹丹開玩笑地說：「所以，知道爲什麼我十幾年都這樣了吧！」

這會兒大家彼此取笑，鬧成一團。

返回台北的車上，丹丹笑道：「城光常要打斷人的念頭，這不見得有效吧！」

停了一會兒，老師才說：「你就當他是從自我或人性的壁爐裡，抽出一點薪火吧！」

丹丹一時啞然，而城光正忙著倒車上路。

後記

有學生看了這篇實錄問陳老師：「早年出來講禪，爲什麼那麼火爆？」

「因爲對方時間有限，而我不想說謊。」陳老師笑答。

「禪宗從不保護人們的自我。倒是有哪一個人不當眞地保護自己呢？燒了手心，不就直指人心了嗎？當你因火洞見了這上半句，下半句的見性成佛，就有勞你目瞷金金看嘍！我這不是開玩笑，而是頗有深意，只是不能說破而已！

現在，我並不純粹舉揚祖師禪，我講的是人生禪，而且著重在人生二字。唯見性成佛，必也有待直指人心，只是我不再跳樓大拍賣了。對外，我隨順一般學員的層次和眼界宣講；對內，我更重視資深學員的人格鍛鍊及習氣轉化。往後，如有破格的，就看對方的福德和因緣是否相應了。」

相關課程及旅遊，請洽人生禪身心靈整合教育中心：

■人生禪台北延吉學舍：台北市延吉街三〇巷十一號三樓
聯絡人：吳文傑　02-2570-0290；0936-712-930

■人生禪台北承德學舍：台北市承德路三段五一巷廿三號二樓
聯絡人：張正文　0960-541-522

■人生禪台北師大學舍：台北市師大路202號2樓
聯絡人：古荔　02-2363-5909；0919-278-332

■人生禪桃園學舍：桃園市大興西路一段一八八號十一樓
聯絡人：江城光　03-346-5273；0919-352-330

■人生禪台中學舍：台中市民生路二二五巷七號
聯絡人：楊慧雯　0936-093-938

■馬來西亞聯絡處：
大將書行：4, JALAN PANGGONG, 50000 KUALA LUMPUR, MALAYSIA.
聯絡人：傅興漢　Tel：603-2026 6288　Fax：603-2026 6266
E-mail：hhpoh@mentor.com.my　Web-site：www.mentor.com.my
人生禪網站：http://zen2life.com
電子報：人生禪茶藝館http://gpaper.gigigaga.com/default.asp
新聞台：麗江到瀘沽湖畔的八堂課
http://mypaper.pchome.com.tw/news/zen2life/

葉子出版股份有限公司

讀・者・回・函

感謝您購買本公司出版的書籍。
爲了更接近讀者的想法，出版您想閱讀的書籍，在此需要勞駕您詳細爲我們填寫回函，您的一份心力，將使我們更加努力！！

1.姓名：__________
2.性別：□男 □女
3.生日／年齡：西元_____ 年____月 ____ 日___歲
4.教育程度：□高中職以下 □專科及大學 □碩士 □博士以上
5.職業別：□學生□服務業□軍警□公教□資訊□傳播□金融□貿易
□製造生產□家管□其他_________
6.購書方式／地點名稱：□書店_____□量販店_____□網路_____□郵購_____
□書展_______□其他____
7.如何得知此出版訊息：□媒體_____□書訊_____□書店_____□其他_____
8.購買原因：□喜歡讀者□對書籍內容感興趣□生活或工作需要□其他
9.書籍編排：□專業水準□賞心悅目□設計普通□有待加強
10.書籍封面：□非常出色□平凡普通□毫不起眼
11. E－mail：_______________________________________
12喜歡哪一類型的書籍：_________________________________
13.月收入：□兩萬到三萬□三到四萬□四到五萬□五萬以上□十萬以上
14.您認為本書定價：□過高□適當□便宜
15.希望本公司出版哪方面的書籍：__________________________
16.本公司企劃的書籍分類裡，有哪些書系是您感到興趣的？
□忘憂草（身心靈）□愛麗絲（流行時尚）□紫薇（愛情）□三色堇（財經）
□ 銀杏（健康）□風信子（旅遊文學）□向日葵（青少年）
17.您的寶貴意見：

____

☆塡寫完畢後，可直接寄回（免貼郵票）。
我們將不定期寄發新書資訊，並優先通知您
其他優惠活動，再次感謝您！！

廣 告 回 信
臺灣北區郵政管理局登記證
北 台 字 第 8719 號
免 貼 郵 票

106-□□
台北市新生南路3段88號5樓之6

揚智文化事業股份有限公司 收

□□□-□□
地址：　　市縣　鄉鎮市區　路街　段　巷　弄　號　樓
姓名：

書號 L1103　　書名 牽騎心牛

1

體現心象指令

清點內心的庫藏，
尤其是那些煩惱或困擾的堆積物，
以便你有個自己的空間，
可以放鬆地呼吸，自由地移動。

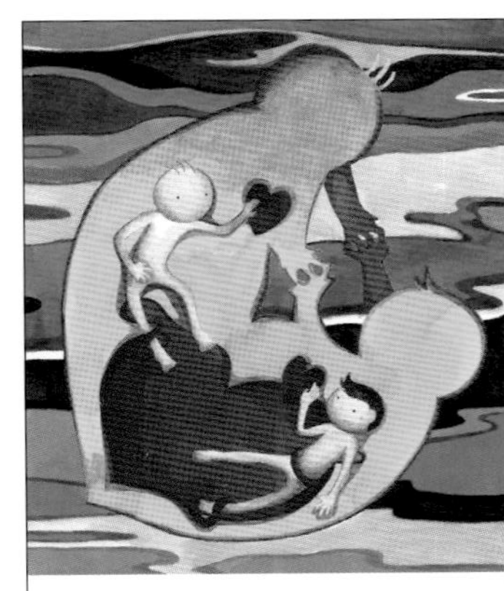

2

體現心象指令

當你要到遠方旅行之前，
對於一直牽掛卻無法處理的事情，
請你用身體依次交待或加以順延，
以便你能開始一趟平靜、解放的心靈之旅。

3

體現心象指令

允許自己『徜徉』在身、心、靈的世界裡，
SPA一下，
不管別人的譴責，
也沒有一己的罪惡感。

4

體現心象指令

不要被你的『煩惱或困擾』淹沒了，
不要成為衝突的一部分，
退後幾步看它，
找出你和它的適當『節奏或韻律』。

*動作是表達心靈的力量，而這種力量遠超過人的頭腦。

*任何人都必須先經驗動作的探索，才能將動作以不同的方式表達出來。

*動作本身就是一種語言：動作是一個人對自己內在世界的回應，內在世界藉由做（doing）、演（acting）、舞（dancing）表達出來……每一個動作都有它的特質，而這些特質不但與人的個性、氣質相關，也都離不開基本的元素：空間、時間、力量、流動、關係；元素貫穿在我們的生命之中，也和我們的心理狀態相呼應。

*動作是表達心靈的力量，而這種力量遠超過人的頭腦。

*任何人都必須先經驗動作的探索，才能將動作以不同的方式表達出來。

*動作本身就是一種語言：動作是一個人對自己內在世界的回應，內在世界藉由做（doing）、演（acting）、舞（dancing）表達出來……每一個動作都有它的特質，而這些特質不但與人的個性、氣質相關，也都離不開基本的元素：空間、時間、力量、流動、關係；元素貫穿在我們的生命之中，也和我們的心理狀態相呼應。

*動作是表達心靈的力量，而這種力量遠超過人的頭腦。

*任何人都必須先經驗動作的探索，才能將動作以不同的方式表達出來。

*動作本身就是一種語言：動作是一個人對自己內在世界的回應，內在世界藉由做（doing）、演（acting）、舞（dancing）表達出來……每一個動作都有它的特質，而這些特質不但與人的個性、氣質相關，也都離不開基本的元素：空間、時間、力量、流動、關係；元素貫穿在我們的生命之中，也和我們的心理狀態相呼應。

*動作是表達心靈的力量，而這種力量遠超過人的頭腦。

*任何人都必須先經驗動作的探索，才能將動作以不同的方式表達出來。

*動作本身就是一種語言：動作是一個人對自己內在世界的回應，內在世界藉由做（doing）、演（acting）、舞（dancing）表達出來……每一個動作都有它的特質，而這些特質不但與人的個性、氣質相關，也都離不開基本的元素：空間、時間、力量、流動、關係；元素貫穿在我們的生命之中，也和我們的心理狀態相呼應。

『卸下』你肩膀上的重擔，
一件一件地把它卸下來，
逐一檢視，
擱到一旁去。

體現心象指令 5

身體不是你苦難
或創傷的『貞節牌坊』，
請你遠離它，
再觀賞它，並遊歷它！

體現心象指令 6

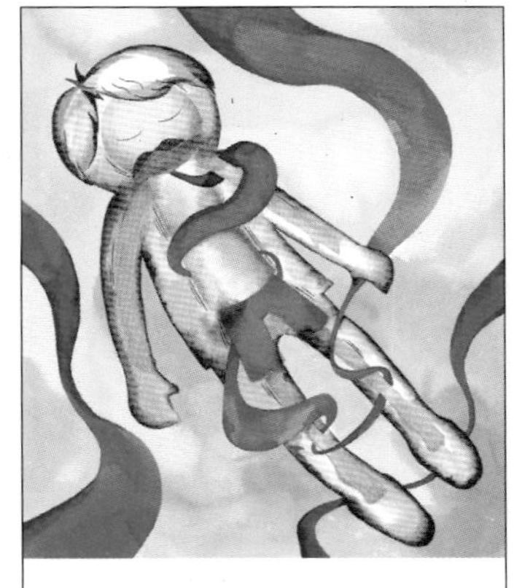

相信你的身體，
所有不好或不舒服的感受，
都是它在調節、恢復和諧
與自然狀態的一種舞蹈。

體現心象指令 7

就當下
你的心象起舞吧！
穿透它！
認識它！

體現心象指令 8

8 體現心象小語

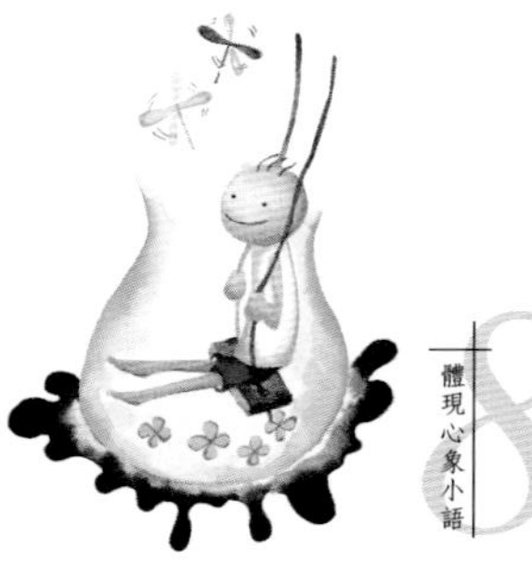

＊動作是表達心靈的力量，而這種力量遠超過人的頭腦。

＊任何人都必須先經驗動作的探索，才能將動作以不同的方式表達出來。

＊動作本身就是一種語言：動作是一個人對自己內在世界的回應，內在世界藉由做（doing）、演（acting）、舞（dancing）表達出來……每一個動作都有它的特質，而這些特質不但與人的個性、氣質相關，也都離不開基本的元素：空間、時間、力量、流動、關係：元素貫穿在我們的生命之中，也和我們的心理狀態相呼應。

7 體現心象小語

＊動作是表達心靈的力量，而這種力量遠超過人的頭腦。

＊任何人都必須先經驗動作的探索，才能將動作以不同的方式表達出來。

＊動作本身就是一種語言：動作是一個人對自己內在世界的回應，內在世界藉由做（doing）、演（acting）、舞（dancing）表達出來……每一個動作都有它的特質，而這些特質不但與人的個性、氣質相關，也都離不開基本的元素：空間、時間、力量、流動、關係：元素貫穿在我們的生命之中，也和我們的心理狀態相呼應。

6 體現心象小語

＊動作是表達心靈的力量，而這種力量遠超過人的頭腦。

＊任何人都必須先經驗動作的探索，才能將動作以不同的方式表達出來。

＊動作本身就是一種語言：動作是一個人對自己內在世界的回應，內在世界藉由做（doing）、演（acting）、舞（dancing）表達出來……每一個動作都有它的特質，而這些特質不但與人的個性、氣質相關，也都離不開基本的元素：空間、時間、力量、流動、關係：元素貫穿在我們的生命之中，也和我們的心理狀態相呼應。

5 體現心象小語

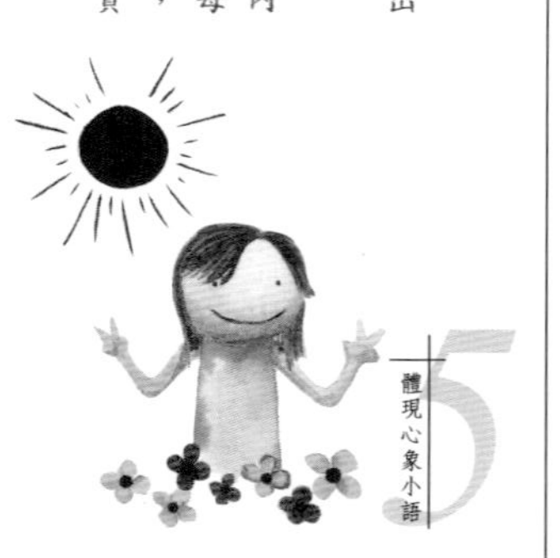

＊動作是表達心靈的力量，而這種力量遠超過人的頭腦。

＊任何人都必須先經驗動作的探索，才能將動作以不同的方式表達出來。

＊動作本身就是一種語言：動作是一個人對自己內在世界的回應，內在世界藉由做（doing）、演（acting）、舞（dancing）表達出來……每一個動作都有它的特質，而這些特質不但與人的個性、氣質相關，也都離不開基本的元素：空間、時間、力量、流動、關係：元素貫穿在我們的生命之中，也和我們的心理狀態相呼應。

根

以讀者爲其根本

莖

用生活來做支撐

葉

引發思考或功用

獲取效益或趣味